京华通览
历史文化名城
主编／段柄仁

建筑世家样式雷

张宝章／著

北京出版集团公司
北京出版社

图书在版编目（CIP）数据

建筑世家样式雷 / 张宝章著. — 北京：北京出版社，2018.3
（京华通览 / 段柄仁主编）
ISBN 978-7-200-13862-7

Ⅰ.①建… Ⅱ.①张… Ⅲ.①建筑师—家族—介绍—中国—清代 Ⅳ.①K820.9

中国版本图书馆CIP数据核字（2018）第017622号

出版人　曲　仲
策　划　安　东　于　虹
项目统筹　董拯民　孙　菁
责任编辑　白　珍　李学钊
封面设计　田　晗
版式设计　云伊若水
责任印制　燕雨萌

"京华通览"丛书在出版过程中，使用了部分出版物及网站的图片资料，在此谨向有关资料的提供者致以衷心的感谢。因部分图片的作者难以联系，敬请本丛书所用图片的版权所有者与北京出版集团公司联系。

京华通览
建筑世家样式雷
JIANZHU SHIJIA YANGSHILEI
张宝章　著

*

北京出版集团公司
北京出版社　　出版

（北京北三环中路6号）
邮政编码：100120

网　址：www.bph.com.cn
北京出版集团公司总发行
新　华　书　店　经　销
天津画中画印刷有限公司印刷

*

880毫米×1230毫米　32开本　6.625印张　135千字
2018年3月第1版　2022年11月第3次印刷
ISBN 978-7-200-13862-7
定价：45.00元

如有印装质量问题，由本社负责调换
质量监督电话：010-58572393

《京华通览》编纂委员会

主　　任　段柄仁
副 主 任　陈　玲　曲　仲
成　　员　（按姓氏笔画排序）
　　　　　于　虹　王来水　安　东　运子微
　　　　　杨良志　张恒彬　周　浩　侯宏兴
主　　编　段柄仁
副 主 编　谭烈飞

《京华通览》编辑部

主　　任　安　东
副 主 任　于　虹　董拯民
成　　员　（按姓氏笔画排序）
　　　　　王　岩　白　珍　孙　菁　李更鑫
　　　　　潘惠楼

序
PREFACE

擦亮北京"金名片"

段柄仁

北京是中华民族的一张"金名片"。"金"在何处？可以用四句话描述：历史悠久、山河壮美、文化璀璨、地位独特。

展开一点说，这个区域在70万年前就有远古人类生存聚集，是一处人类发祥之地。据考古发掘，在房山区周口店一带，出土远古居民的头盖骨，被定名为"北京人"。这个区域也是人类都市文明发育较早，影响广泛深远之地。据历史记载，早在3000年前，就形成了燕、蓟两个方国之都，之后又多次作为诸侯国都、割据势力之都；元代作为全国政治中心，修筑了雄伟壮丽、举世瞩目的元大都；明代以此为基础进行了改造重建，形成了今天北京城的大格局；清代仍以此为首都。北京作为大都会，其文明引领全国，影响世界，被国外专家称为"世界奇观""在地球表面上，人类最伟大的个体工程"。

北京人文的久远历史，生生不息的发展，与其山河壮美、宜生宜长的自然环境紧密相连。她坐落在华北大平原北缘，"左环沧海，右拥太行，南襟河济，北枕居庸""龙蟠虎踞，形势雄伟，南控江淮，北连朔漠"。是我国三大地理单元——华北大平原、东北大平原、蒙古高原的交汇之处，是南北通衢的纽带，东西连接的龙头，东北亚环渤海地区的中心。这块得天独厚的地域，不仅极具区位优势，而且环境宜人，气候温和，四季分明。在高山峻岭之下，有广阔的丘陵、缓坡和平川沃土，永定河、潮白河、拒马河、温榆河和蓟运河五大水系纵横交错，如血脉遍布大地，使其顺理成章地成为人类祖居、中华帝都、中华人民共和国首都。

这块风水宝地和久远的人文历史，催生并积聚了令人垂羡的灿烂文化。文物古迹星罗棋布，不少是人类文明的顶尖之作，已有1000余项被确定为文物保护单位。周口店遗址、明清皇宫、八达岭长城、天坛、颐和园、明清帝王陵和大运河被列入世界文化遗产名录，60余项被列为全国重点文物保护单位，220余项被列为市级文物保护单位，40片历史文化街区，加上环绕城市核心区的大运河文化带、长城文化带、西山永定河文化带和诸多的历史建筑、名镇名村、非物质文化遗产，以及数万种留存至今的历史典籍、志鉴档册、文物文化资料，《红楼梦》、"京剧"等文学艺术明珠，早已成为传承历史文明、启迪人们智慧、滋养人们心灵的瑰宝。

中华人民共和国成立后，北京发生了深刻的变化。作为国家首都的独特地位，使这座古老的城市，成为全国现代化建设的领头雁。新的《北京城市总体规划（2016年—2035年）》的制定和中共中央、国务院的批复，确定了北京是全国政治中心、文化中心、国际交往中心、科技创新中心的性质和建设国际一流的和谐宜居之都的目标，大大增加了这块"金名片"的含金量。

伴随国际局势的深刻变化，世界经济重心已逐步向亚太地区转移，而亚太地区发展最快的是东北亚的环渤海地区、这块地区的京津冀地区，而北京正是这个地区的核心，建设以北京为核心的世界级城市群，已被列入实现"两个一百年"奋斗目标、中国梦的国家战略。这就又把北京推向了中国特色社会主义新时代谱写现代化新征程壮丽篇章的引领示范地位，也预示了这块热土必将更加辉煌的前景。

北京这张"金名片"，如何精心保护，细心擦拭，全面展示其风貌，尽力挖掘其能量，使之永续发展，永放光彩并更加明亮？这是摆在北京人面前的一项历史性使命，一项应自觉承担且不可替代的职责，需要做整体性、多方面的努力。但保护、擦拭、展示、挖掘的前提是对它的全面认识，只有认识，才会珍惜，才能热爱，才可能尽心尽力、尽职尽责，创造性完成这项释能放光的事业。而解决认识问题，必须做大量的基础文化建设和知识普及工作。近些年北京市有关部门在这方面做了大量工作，先后出版了《北京通史》（10卷本）、《北京百科全书》（20卷本），各类志书近900种，以及多种年鉴、专著和资料汇编，等等，为擦亮北京这张"金名片"做了可贵的基础性贡献。但是这些著述，大多是服务于专业单位、党政领导部门和教学科研人员。如何使其承载的知识进一步普及化、大众化，出版面向更大范围的群众的读物，是当前急需弥补的弱项。为此我们启动了《京华通览》系列丛书的编写，采取简约、通俗、方便阅读的方法，从有关北京历史文化的大量书籍资料中，特别是卷帙浩繁的地方志书中，精选当前广大群众需要的知识，尽可能满足北京人以及关注北京的国内外朋友进一步了解北京的历史与现状、性质与功能、特点与亮点的需求，以达到"知北京、爱北京，合力共建美好北京"的目的。

这套丛书的内容紧紧围绕北京是全国的政治、文化、国际交往和科技创新四个中心，涵盖北京的自然环境、经济、政治、文化、社会等各方面的知识，但重点是北京的深厚灿烂的文化。突出安排了"历史文化名城""西山永定河文化带""大运河文化带""长城文化带"四个系列内容。资料大部分是取自新编北京志并进行压缩、修订、补充、改编。也有从已出版的北京历史文化读物中优选改编和针对一些重要内容弥补缺失而专门组织的创作。作品的作者大多是在北京志书编纂中捉刀实干的骨干人物和在北京史志领域著述颇丰的知名专家。尹钧科、谭烈飞、吴文涛、张宝章、郗志群、姚安、马建农、王之鸿等，都有作品奉献。从这个意义上说，这套丛书中，不少作品也可称"大家小书"。

总之，擦亮北京"金名片"，就是使蕴藏于文明古都丰富多彩的优秀历史文化活起来，充满时代精神和首都特色的社会主义创新文化强起来，进一步展现其真善美，释放其精气神，提高其含金量。

2017 年 11 月

目录

CONTENTS

样式雷小传

第一代样式雷——雷发达 / 3

第二代样式雷——雷金玉 / 4

第三代样式雷——雷声澂 / 7

第四代样式雷——雷家玺 / 8

第五代样式雷——雷景修 / 11

第六代样式雷——雷思起 / 14

第七代样式雷——雷廷昌 / 17

样式雷的海淀故居

世居海淀村 / 20

前官园老宅 / 22

槐树街故居 / 26

巨山村与样式雷 / 37

燕雷氏与燕桂 / 48

样式雷的重要成就

万泉河畔御苑 / 55

样式雷与同治年间重修圆明园 / 70

样式雷修三海二三事 / 88

样式雷与北京西郊水利 / 96

  乾隆以后北京西郊的河湖水道概况 / 97

  样式雷关于西郊水利的图文史料遗存 / 99

  同治年间北京西郊的几项水利工程 / 102

  光绪年间西郊的几项水利工程 / 112

样式雷与颐和园 / 122

样式雷与万寿盛典 / 148

雷氏史料小记

珍贵的家书 / 157

一道褒奖懿旨 / 173

一幅御道略图 / 175

一册古诗抄本 / 177

一本白事账簿 / 180

一份房产草图 / 182

一叠租地执照 / 184

一张押地借契 / 186

一宗诉讼状帖 / 187

样式雷家风：不贪不啬，诚信做人 / 190

后　记 / 195

样式雷小传

样式雷,是我国清代著名的建筑世家。从第一代样式雷——雷发达在康熙年间由江宁来到北京,到第七代样式雷——雷廷昌在光绪末年逝世,雷氏有七代长达二百多年为皇家进行宫殿、园囿、陵寝以及衙署、庙宇等设计和修建工程。因为雷家几代都是清廷样式房的掌案头目人,即被世人称为"样式雷"。

几代样式雷在海淀为朝廷设计修建畅春园、圆明园、静宜园、静明园、清漪园和颐和园,以及京西的王府宅园、御道、河堤等,做出了重要的贡献。样式雷是内务府样式房的掌案,为进园工作方便,自然要在御园周围择近而居。雷家从康熙时就居住在海淀镇。英法联军焚毁圆明园后,第五、第六代样式雷——雷景修、雷思起携家迁居西城东观音寺,但仍有眷属没离开海淀。建筑学家刘敦桢先生在20世纪30年代就曾写过:"雷氏自发达以降,前后六世,卜居园(指圆明园)侧海淀村。……洎咸丰庚申之役,

样式雷先祖画像

英法联军焚掠园宫,始自海淀徙居城内。"(《同治重修圆明园史料》)据雷氏档案史料记载:海淀雷宅为三路三进院落,中路有前院、中院和后院,东西路有学房院、染坊院、花园和荷花池等设施。雷家迁居城内后,此宅出租。

雷氏祖茔修建在香山东南方的巨山村(今属四季青乡),占地 195 亩,略成东北和西南方向,形状好似一只船。坟内植树 3000 余株。福田寺流来的泉水从坟地两侧流过。船行的方向对准故乡江西,象征不忘祖宗恩德。阳宅有两排平房。整个墓地规划井然,四周栽有数百株松柏和杨柳,几座宝顶旁边巍然挺立着第五代样式雷——雷景修为曾祖雷金玉和父亲雷家玺立的两通汉白玉石碑,还有景修之子雷思起及其孙雷廷昌立的景修墓碑和诰封碑。雷氏祖茔在民国年间和 20 世纪五六十年代的"大跃进"和"文化大革命"中,遭到严重破坏,坟树被砍光,墓碑被推倒,宝顶被铲平。如今连阳宅的平房也片瓦无存了,只剩下一棵一百余年的白果松古树,孑然独立于墓地上建造的工厂围墙之外;听说还有两通劫余的残碑，被埋在地下。这就是名重两个世纪、曾为皇家修建了清东西陵的样式雷的祖茔的惨状。

样式雷祖茔的一座座墓碑被推倒了。我无力重树丰碑，仅在此，根据现在掌握的有限资料，为几代样式雷撰写几篇简略的小传，以示崇敬与怀念。

第一代样式雷——雷发达

雷发达，字明所，生于明万历四十七年（1619年）二月二十一日，卒于清康熙三十二年(1693年)八月十一日。祖籍江西南康府建昌县（今永修县）。他的曾祖在明代末年迁居江苏金陵（今南京）。清康熙二十二年（1683年），发达和堂弟发宣以工艺应募来到北京，参加皇宫的修建工程。当时康熙皇帝正在重修太和殿，雷发达以其卓越的技术才能，为皇家宫殿工程做出了贡献，得到康熙皇帝的赏赐，获得了官职。

朱启钤先生在《样式雷考》

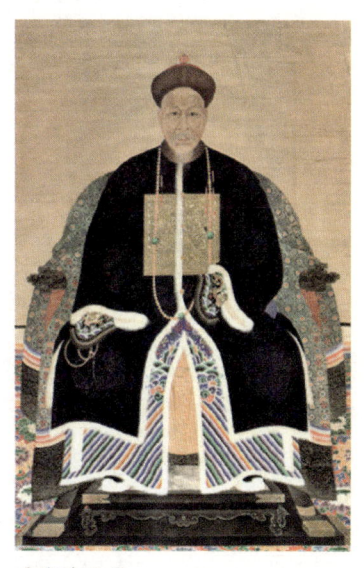

雷发达画像

这篇文献中，曾写下了一段生动的"故老传闻"：明太和殿缺大木，仓促拆取明陵楠木梁柱充用。上梁之日，圣祖亲临行礼、金梁举起，卯榫悬而不下。工部从官相视愕然，皇恐失措。所司私界发达冠服袖斧揉升，斧落榫合。礼成，上大悦，而敕授工部营造所长班。时人谓之语曰：上有鲁班，下有长班。紫薇照命，金殿封官。

尽管样式雷研究者对这段"故老传闻"有不同看法，但雷发达参与了皇家宫殿修建并得以在皇家建筑工程中立足则是不争的事实。因而雷发达便成为"样式雷家发祥的始祖"。

雷发达70岁解役，殁后葬于金陵。

第二代样式雷——雷金玉

雷金玉，字良生，生于清顺治十六年（1659年），卒于雍正七年（1729年）。为清代建筑世家样式雷的第二代传人。

雷金玉继承父业在营造所供职，并投充内务府包衣旗。康熙皇帝选中海淀这块"沃野平畴，澄波远岫"的"神皋之胜区"，决定在明代李伟清华园旧址修建新的皇家园囿——畅春园，作为"宁神怡性之所"，以便"祗奉颐养，游息于兹"。（康熙《御制畅春园记》）内务府营造司从包衣上三旗抽调众多工匠营建此处皇苑，雷金玉被召进建园工匠队伍，承领楠木作工程。在为畅春园正殿九经三事殿上梁的建筑施工中，因技术超群而立了大功，被皇帝亲自召见奏对，受到表彰和奖励，赏七品官衔，食七品俸禄。自此雷金玉艺名誉满京城。在宫廷和皇家园林建设中日益受到重视。

胤禛即皇帝位后，大兴土木，大规模扩建圆明园。此时年逾六旬的雷金玉，应召充任圆明园样式房掌案，负责带领样式房的工匠，设计和制作殿台楼阁和园庭的画样、烫样，指导施工，对圆明园的设计和建设工程做出了重要的贡献。施工过程中，欣逢雷金玉七旬正寿，雍正皇帝给予特殊的褒奖：命皇子弘历（即后来的乾隆皇帝）亲笔书写"古稀"二字匾额，赐予样式雷。金玉将此匾额运回故乡，供奉悬挂于原籍祖居大堂，整个家族和故里乡亲都视为无上荣耀。

雷金玉于雍正七年（1729

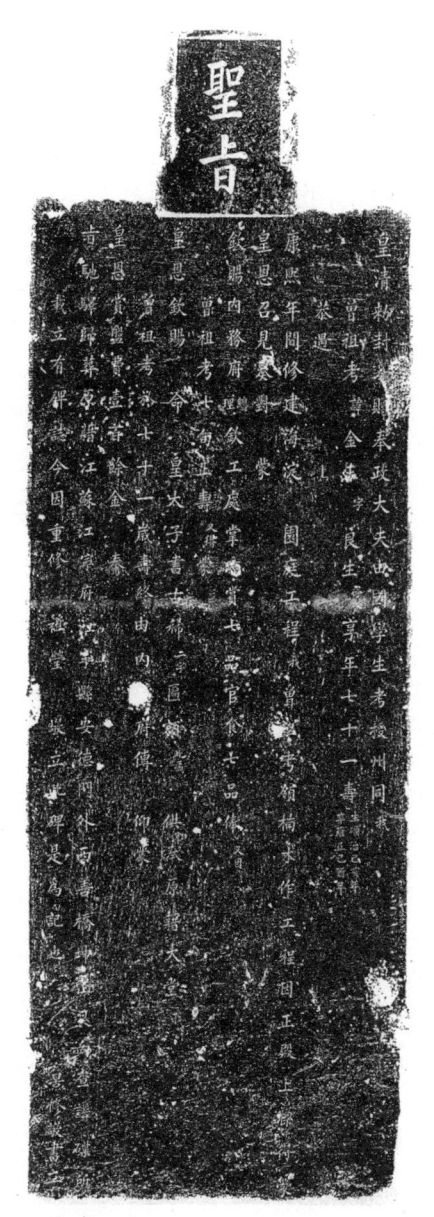

雷金玉墓碑

年）逝世。皇帝赏赐盘费金一百余两，奉旨通过驿道和驿站将遗体运还江苏江宁府江宁县，安葬于县城安德门外西善桥，并立有碑志。

同治四年（1865年）二月，雷金玉之曾孙、第五代样式雷——雷景修，在重修皇帝钦赐的雷氏祖茔时，为其曾祖雷金玉修建了一座衣冠冢，树起墓碑，修筑了如意石围屏。石碑阳面为"雷金玉墓碑"，额题"圣旨"，碑文概略记述了雷金玉的生平事迹。石碑阴面为"雷金玉及妻张氏德政碑"，额题"承先启后"。碑文中记述了其妻张氏"苦守清洁"，将其幼子雷声澂抚养成人，继承祖业，是为第三代样式雷，以至"奕叶相传，功昭前烈"的"德政"。金玉有一位继配夫人吴氏，葬于海淀镇迤南小南庄苏州街大道旁。另有四位继室夫人，与金玉合葬于江宁府江宁县。

雷金玉是雷氏家族中第一个执掌清廷内务府样式房工作的人，此后二百余年为其几代子孙所继承，延续至清朝灭亡，这就形成了样式雷世家。雷金玉是样式雷的真正创始者。近人朱启钤先生在《样式雷考》一文中说："雷氏家谱以金玉为迁北京之支祖。样式房一业终清之世，最有声于匠家，亦自金玉始也。"此乃恰当之论，是符合历史事实的。

第三代样式雷——雷声澂

雷声澂，字藻亭，生于雍正七年（1729年），卒于乾隆五十七年(1792年)。他是雷金玉的幼子，为金玉第六位夫人张氏所生。声澂出生刚刚三个月，其父金玉即去世了。金玉的夫人刘氏、柏氏、潘氏、钮氏、吴氏，带着声澂的几位兄长声沛、声清、声洋、声浃等，全家随金玉灵柩驰驿归葬江宁府江宁县。只有张氏带着声澂留居在北京西郊海淀镇槐树街雷氏祖宅。

雷声澂幼时丧父，很难像其他几代样式雷那样顺利地继承祖业，活跃在皇家建筑岗位上。朱启钤《样式雷考》曾记载："其母张氏出而泣诉于工部，迨声澂成年，乃得嗣业。"雷声澂成为第三代样式雷传人，与其母张氏的培育和奋斗是分不开的。声澂之孙——第五代样式雷雷景修，为其曾祖母张氏在巨山村雷氏祖坟上树立起一块"德政碑"，简要记述了此事的经过："因我祖考（即声澂）字藻亭在及丁时，我曾祖妣苦守清洁，立志抚养我祖成人，清苦之极。得蒙曾祖妣早晚训诲，依附我曾祖考的旧业。至今，子孙满堂，接我曾祖考一脉相承，奕叶相传，功昭前烈，庆衍绵绵，实承我曾祖妣张太宜人之德政也。"

雷声澂成年后，生活于乾隆盛世，正是京城西郊的皇家园林"三山五园"大兴土木之时，他当有所贡献。但雷氏家谱却难见记载。

第四代样式雷——雷家玺

雷家玺,字国贤,生于乾隆二十九年(1764年),卒于道光五年(1825年),是雷金玉第五子雷声澂之次子。他与长兄雷家玮(1758年—1845年)、三弟雷家瑞(1770年—1830年)同在样式房任职,形成第四代样式雷的强大阵容。

雷家玺兄弟生活的年代,正处于康乾盛世的中晚期和嘉庆年间,是"工役繁兴之世"。乾隆皇帝大兴土木,修建皇宫别苑,京西海淀的皇家园林"三山五园"和承德避暑山庄相继修建,样式雷又深得皇家信赖,这为雷家玺兄弟施展其绝世才华提供了广阔的空间。

宁寿宫花园的修建,是皇宫诸多修建工程中重要的一项。作为样式房掌案头目人,雷家玺根据皇帝的旨意,对花园进行整体规划设计。在一处四周宫殿林立的狭窄地带,巧妙构思,精心安排,一批精巧华丽的建筑,如古华轩、旭辉亭、养性殿佛堂、萃赏楼、符望阁、竹香馆错落有致,曲折的游廊与逶迤的山石融于园庭,意境清幽谐适。此园深得皇帝喜爱,被后世称为乾隆花园。乾隆五十七年(1792年),雷家玺承担了部分修建万寿山清漪园、玉泉山静明园和香山静宜园的工程。此外,又承办宫中年例灯彩、西厂烟火及乾隆八旬万寿典景楼台工程。嘉庆中又承值圆明园东路工程及同乐园演剧之切末、鳌山、珠灯、屏画等（《样式雷家世考》）。

设计承办皇帝陵寝工程，是样式雷建筑业务的一项新发展。嘉庆皇帝的陵墓，按其父乾隆皇帝的旨意，将"万年吉地"选在清西陵太平峪，后取名昌陵，与其祖父雍正皇帝的泰陵相邻。根据现存的雷家玺设计的图纸看，昌陵地宫的结构甚是宏大，为四门九券，雕刻也极为精细。券顶外的宝顶封土内有石雕，其结构造型与陵寝宫殿的脊瓦、勾滴等相同。

此后，雷家玺主持的乾隆八旬万寿庆典自圆明园至皇宫沿路点景的设计工作，也是举世罕见的特殊工程。沿途的各种点景，包括亭台殿阁、西洋楼房、假山石洞、小桥流水、演剧戏台、万寿经棚、药栏花架、宝塔牌楼，各种新奇精美的景观多达数百处。只这些御道点景的制作和布置，即耗银达114.4万两。

乾隆皇帝曾六次南巡。雷家玮奉旨随皇帝南行。沿途各地官员和名绅富商，为讨好皇帝纷纷出巨资修建皇帝行宫。样式雷被各地聘请负责行宫的设计工作。甚至一些河堤石坝工程也请雷家玮设计指导。

雷家玺兄弟三人合力做好样式房的工作。在家玺去易县办理昌陵工程期间，家瑞一直在样式房任掌案头目人，一切日常工作由他主持。在嘉庆年间大修南苑行宫时，家瑞承做楠木作内檐硬木装修，他为此到南京采办紫檀等木料，就地凿雕成材，运回北京使用。

雷家玺逝世后，葬于北京西郊巨山村雷氏祖茔。同治元年

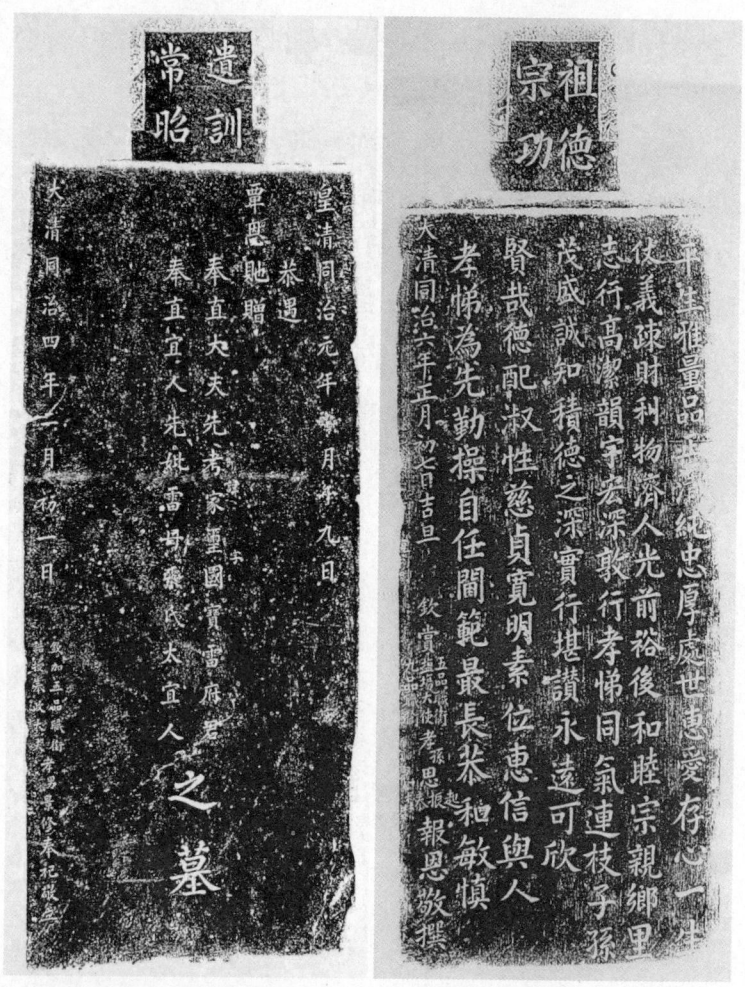

雷家玺及妻张氏德政碑

（1862年）皇帝赠奉直大夫，其妻张氏封奉直宜人。其子雷景修于同治四年（1865年）二月敬立"雷家玺及妻张氏墓碑"，额题"遗训常昭"。碑阴为景修之子思起、思振、思泰、思森敬撰的"雷家玺及妻张氏德政碑"，额题"祖德宗功"，碑文称赞其祖父雷家玺"公平生雅量,品正清纯,忠厚处事,惠存爱心。一生仗义疏财,利物济人,光前裕后,和睦宗亲乡里。志行高洁,韵宇宏深,敦行孝悌,同气连枝,子孙茂盛。诚知积德之深,实行堪赞,永远可欣。"在碑文中对其祖母张氏的赞语为:"贤哉德配,淑性慈贞,宽明素位,惠信与人。孝悌为先,勤操自任,阃范最长,恭和敏慎。"

第五代样式雷——雷景修

雷景修,字先文,号白璧,生于嘉庆八年(1803年),卒于同治五年(1866年),是第三代样式雷——雷声澂之孙、第四代样式雷——雷家玺之第三子。

雷景修从16岁开始,即随身为样式房掌案的父亲在圆明园样式房学习世传差务。为继承祖业,他虚心好学,处处留心,奋力勤勉,不辞劳瘁。正当迅速成长的时刻,刚满花甲的老父猝然于道光五年(1825年,乙酉)去世。父亲担心景修年幼缺乏经验,难以胜任掌案工作,便留下遗言,

雷景修像

挖出的雷景修墓碑

将掌案名目移交同事郭九承办。景修不以为意，诚心接受郭九的指派，继续学习样房工作，竭尽心力，不分朝夕，兢兢业业奋斗二十余年，尝尽千辛万苦，终于全面继承了样式雷的建筑技艺，具备了丰富经验。直到道光二十九年（1849年）他46岁时，才又争回了祖传的样式房掌案名目。

据"雷景修墓碑"记载：景修于"咸丰八年遵旨筹饷例，报捐恩赏九品职衔。又因同治二年七月初八日,诰授奉政大夫之职"，后又晋封朝议大夫。作为样式房掌案，雷景修不仅积攒了大量图稿和画样，而且善于"经营生理"，是一位理财高手，家产相当富厚，达数十万两之巨。朱启钤《样式雷考》中说："景修一生中，工作最勤。家中裒集图稿、熨样模型甚伙，筑室三楹为储存之所。经营生理，积赀数十万。并修谱录，茔舍规划井然，世守之工，家法不堕者，赖有此耳。"雷景修还修宗谱，建祖坟，对雷氏家族做出很大贡献。

雷景修虽然技艺高超，但道光、咸丰年间国势衰微，没有能力从事大规模的宫殿和园林建筑，因而样式雷也缺少用武之地。

圆明园只有一些小的修缮，圆明园殿、九州清宴、上下天光、四宜书屋、同乐园等处有些建筑工程和搭建，并未规划建设新的园囿。直到咸丰皇帝病故于承德避暑山庄，在遵化平安峪为皇帝修建定陵时，样式雷祖传的设计和承建皇帝陵寝的全套技艺才得以施展和发挥。但景修已年过半百了。

雷景修逝世后，葬于巨山村祖茔。其子孙在墓碑中给予他极高评价："公之一生，品行端方，勤和处世，和睦宗族，乡里所仰。出言端正，存心敦厚，教子义方，德厚于人，无不诚敬。"在出殡时，由于他生前人缘极好，同乡和亲友纷纷来到村道旁进行路祭，以示崇敬。"在阜成门外关庙成搭大棚，摆列执事、鼓手、虎皮交椅，人民云集。聚善村众铺友，门头村众铺户，清河、海甸、京南黄村、京东东坝、高丽营、成府各店口，又在坟地搭棚路祭"。此后的同治、光绪年间，第六、第七代样式雷深受清室器重，两位皇帝分别于同治二年（1863年）和光绪元年（1875年）钦颁敕书，赐赠雷景修为奉直大夫、通奉大夫，为二品封典，诰封雷妻尹氏为二品夫人。光绪皇帝敕书称赞景修"业可开先，式毂乃宣猷之本；泽堪启后，贻谋裕作牧之方"。子孙辈雷思起、雷廷昌等镌刻"雷景修及妻尹氏诰封碑"，立于雷氏祖茔。

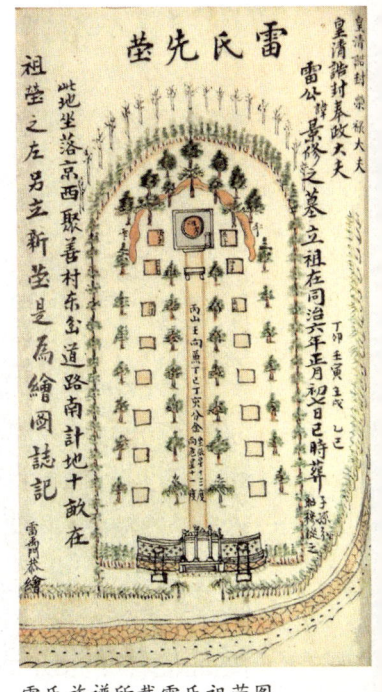

雷氏族谱所载雷氏祖茔图

第六代样式雷——雷思起

雷思起,字永荣,号禹门,道光六年(1826年)生于北京,卒于光绪二年(1876年),是雷景修的第三子。这位第六代样式雷顺利承继祖业,执掌清内务府样式房掌案名目。其时,样式房烫画样人共有 16 名,其中雷家就占 5 名,除思起、廷昌父子二人及侄廷芳外,还有族兄雷思跃及其子廷栋。样式雷世家达到了兴旺发达的高峰。

在其祖父雷家玺设计嘉庆皇帝的昌陵后,雷思起接续建造帝陵技艺,承担起设计咸丰皇帝在清东陵的陵寝——定陵的重要任务。咸丰皇帝即位后,即委派重臣组织钦天监堪舆人员与样式房雷思起等人,到遵化县的东陵地区卜选陵寝吉地。在确定乾隆裕陵迤西二里的平安峪为"万年吉地"后,样式雷设计了大量的多种建陵图样。由于地形陡峭,所以从神路楼到石像生、神道碑

雷思起画像

亭、三孔桥直达隆恩门,里程短,布局紧。层层叠落在一条直线上。俯瞰全貌,很有节奏感。定陵于咸丰九年(1859年)始建。文宗奕詝于咸丰十一年(1861年)崩逝于热河行宫,同治四年(1865年)葬于定陵。雷思起因建陵有功,以监生钦赏盐场大使,为五品职衔。其后,在同治十二年(1873年)四月,为慈安、慈禧两太后在普祥峪、菩陀峪勘察万年吉地时,雷思起也应召随同前往。此事在清代档案《内务府来文、陵寝事务》中的同治十二年四月初九日有明确的记载:"现定于本月初九日恭谒东陵复勘地势规模,须绘图烫样……希即转达样子房匠人雷思起届期随同。……前往普祥峪、菩陀峪预备绘图。"雷思起在设计修建定东陵的过程中,因劳瘁而去世。定东陵的工程由其子继续完成。

同治十二年(1873年),载淳亲政,结束了两太后垂帘听政的局面。皇帝为迎接慈禧太后四十寿辰决定重修圆明园。雷思起献上全盛时期的《圆明园、绮春园、长春园全图》。慈禧太后要

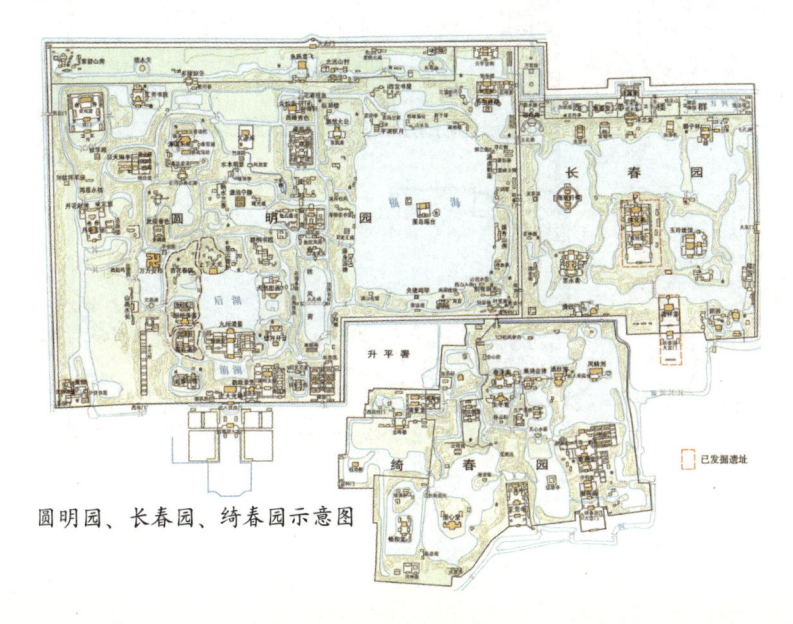

圆明园、长春园、绮春园示意图

求雷思起在一个月内做出所修宫殿的画样和烫样。对她的寝宫"天地一家春"的烫样,她仔细审查,还亲手画出内檐装修图样,要雷思起照此进行修改,抓紧建造。雷思起带领雷廷昌和样式房匠人,夜以继日制作出万春园大宫门、天地一家春、清夏堂、圆明园殿、奉三无私殿等全部施工所需的画样和烫样。皇帝、皇太后亲自审查重修方案,估算和捐办所需银两,看风水,择吉日,然后颁布谕旨:圆明园重修工程于同治十三年(1874年)正月十九日正式开工。

万春园清夏斋平面图

在重修圆明园过程中，皇帝、皇太后五次召见雷思起，审查修改画样，督促施工，降旨鼓励，论功行赏。先是每月为雷思起增加津贴和饭银十两，继之钦赏雷思起二品顶戴。

但是同治重修圆明园遇到很大困难，同治皇帝被迫在当年七月二十九日发出圆明园即行停工的上谕。修园半途而废。样式雷所制的数千张画样和烫样却保留下来了，成为后人研究圆明园和清代建筑工艺和造园艺术的宝贵资料。

第七代样式雷——雷廷昌

雷廷昌，字辅臣，又字恩绶，生于道光二十五年（1845年），卒于光绪三十三年（1907年），是雷思起的长子。

雷廷昌自幼随其父在样式房学艺，熟练地掌握了画样、烫样及建筑工艺，后与其父同为样式房掌案头目人。他先后随思起参加了皇陵和圆明园等多处修建工程。其后他独立承担过同治皇帝的惠陵、慈安和慈禧太后的定东陵、光绪皇帝的崇陵等晚清皇帝和后妃陵寝的设计和修建工程，以及修建皇宫三海和慈禧万寿庆典等诸多工程。

同治六年（1867年），雷廷昌被朝廷赏布政司理问衔。同治十二年（1873年）重修圆明园时，身为掌案头目人的雷廷昌即崭露头角。十月十二日《堂谕司谕档》记载："著传知雷思起，

慈安和慈禧太后的定东陵

样式雷制作的定东陵烫样

于明日进内见堂夸兰达，有面交事件。……如伊病未痊，即着伊子进内。千万莫误。"此时，雷廷昌同其父一样，也被增发津贴和饭费月银十两。十一月二十六日，皇帝召见内务府大臣时传旨："雷廷昌赏三品顶戴。"重修圆明园被迫停工以后，慈禧重温旧梦之心不死，在光绪二十二年（1896年）又开始修建圆明园的课农轩等工程。光绪二十四年（1898年）五月，又传："著传知样式房雷廷昌，务于三十日辰刻携带天地一家春全分图样至档房预备。莫误。"圆明园的局部整修活动直到慈禧太后去世才停止。

雷廷昌样式房的工程，主要是设计和修建皇帝及后妃的陵寝。同治皇帝载淳是慈禧的亲儿子，十九岁即病死。慈禧根据勘察情况，选定遵化双山峪为"万年吉地"。根据样式雷的建陵图样，在择吉兴工时，两太后发下一道懿旨："除神路及石像生毋庸修建外，其余均照定陵规制。"光绪三年（1877年），廷昌因惠陵金券合拢和隆恩殿上梁有功，以候选大理寺丞列保赏加员外郎衔。光绪五年（1879年）三月，载淳遗体葬入惠陵。雷廷昌又与堪舆等人踏勘，选定和设计了建在普祥峪的慈安太后陵和在菩陀峪的慈禧太后陵。二墓并排建立，规制大小相同，中间只隔一条马槽沟。因二墓坐落在咸丰皇帝定陵之东，故称定东陵。只是慈禧不愿与慈安"平起平坐"，又降懿旨将已建好的隆恩殿及东西配殿全部拆除重建，修建成明清两代后陵中最为贵重豪华的陵墓。

清代最后一座皇帝陵寝——光绪皇帝的崇陵，也是雷廷昌参与选址并设计修建的。光绪十三年（1887年），皇帝与慈禧太后共赴西陵九龙峪，确定了万年吉地。光绪十九年（1893年），雷廷昌绘制了《金龙峪金星宝盖图》，图中有注："西陵魏家沟改，同治改，九龙峪改，光绪改金龙峪。"意即：九龙峪原名魏家沟，同治年间改名九龙峪，光绪年间又改称金龙峪。雷廷昌于光绪三十三年（1907年）去世。第二年光绪皇帝驾崩。宣统元年（1909年）开始修建光绪的崇陵，清亡后的民国四年（1915年）竣工。当光绪皇帝梓宫奉安于崇陵时（1913年），雷廷昌已故去六年了。

雷廷昌是最后一代样式雷。清代灭亡后不久，清廷的工部和内务府随之消亡，样式房也从历史上消逝了。样式雷的后代不再继承祖业。但几代样式雷所创造的建筑技艺，将是我国传统文化的一个重要组成部分，应当进行发掘、整理和继承，以有助于我国现代建筑科学的发展。

样式雷的海淀故居

世居海淀村

人们都说：样式雷住在海淀。

历史学家刘敦桢在20世纪30年代初所撰《同治重修圆明园史料》一文中写道："雷氏自发达以降，前后六世，卜居园（指圆明园）侧海淀村，其世守之业，则圆明园楠木作与样式房掌案二职也。洎咸丰庚申之役，英法联军焚掠园宫，始自海淀徙居城内。"

刘先生写的是"海淀村"。

1935年10月出版的6卷9期《北辰画刊》，发表了雷发宣之子雷金兆写的文章《雷氏迁居金陵述》。文中提到"癸亥冬，父以艺应募赴北"。此文末尾对这句话附有陆伯忱写的注："康熙二十二年，西历一六八三，此雷氏北上以艺供职之始，自此定居海淀，直至圆明园焚毁始迁城内。"1983年8月出版的《圆明园》专刊第2期，刊登第一历史档案馆方裕谨辑《原中法大学收藏之样式雷圆明园图样目录》。方氏在"说明"中写道："'样式雷'者，系指家居圆明园左近海淀村之雷家。雷氏家族自康熙中叶始，前后六代二百余载，世守圆明园楠木作与样式房掌案二职。第二次鸦片战争中，英法联军焚掠了'三山五园'，雷家也被迫自海淀徙居城内。"

这三种材料讲了同一个事实，即六代样式雷世居海淀村。圆明园被焚后，雷家迁居北京城内。

作为京西御园南侧的一个居民点，海淀也被称作海店、海淀庄、海甸、海淀镇。最早北海淀、南海淀只是两个小湖的名称，后来才以湖名作为居民聚落名称。直到康熙初年，这里还只是巴沟低地东侧海淀台地上的一个小小村落。称之为海店、海淀村、海淀庄，都是名副其实的。

自从康熙皇帝在京西修建起畅春园后，他每年夏秋两季都有一段时间长驻此园，先是一个多月，后是100多天。畅春园不仅是皇帝休憩游乐之地，还成为皇宫以外的另一个政治活动中心。所以从康熙二十六年（1687年）以后，御园周围便建起众多朝廷官吏的宅第和别墅。例如曹雪芹的舅祖、官居首任畅春苑总管的李煦，就购房居住在今海淀镇上。

雷发达、雷金玉父子，被召参与了畅春园修建工程。第五代样式雷——雷景修为其曾祖第二代样式雷——雷金玉撰写的墓碑中写道："恭遇康熙年间修建海淀园庭工程，我曾祖考领楠木作工程，因正殿上梁，得蒙皇恩召见奏对，蒙钦赐内务府总理钦工处掌案，赏七品官，食七品俸。"说明样式雷在康熙二十六年（1687年）以前在修建畅春园九经三事殿上梁时被皇帝褒奖。那时的海淀还没发展繁荣，还是一个不太引人瞩目的小小村落，称之为海淀村是合乎实际的。这也从反向证明：在康熙二十几年时，样式雷为进御园当差方便已经定居在海淀村了。上述三篇文章中讲"雷家六代世居海淀村"也有了可靠的佐证。

前官园老宅

一位朋友告诉我：样式雷的一个后代曾对他说，几代样式雷在颐和园北边大有庄住了200年，英法联军火烧圆明园以后，样式雷才携家迁入北京城内。

为了寻找样式雷故居，我与文友严宽一同拜访了年届84岁高龄、世居大有庄的孙琴南先生。头脑非常清楚且具有深厚历史知识的孙老先生对我们说："距今100多年内，大有庄没住过姓雷的人家，样式雷不住大有庄，他家世居海淀。我的岳父李德润先生就租住在样式雷的老房里。我在20世纪30年代结婚前后，经常到岳父家去串门,对样式雷的老宅很熟悉。"

孙老先生向我们详细介绍了样式雷海淀旧居的情况:雷家在海淀镇的房子,位于今海淀区政府的东南方,在泄水湖的东边,三角地的东北方。20世纪30年代是官园胡园21号和22号院,居胡同北侧,东西长六七十米。21号院街门向东,22号院街门向南。街门不大,院内住房很多,乡亲们说这是"闷头财主"盖房的通行做法。雷宅共有8座小院,除西北角小院里只有水井和枣树外,另几个小院都各有七八间住房。房东老太太住南边中间偏东那座小院的北房。她早年丧夫,年轻时就守寡,拉扯着两个儿子。有一个儿子卖老玉米,拴一挂骡车,有时去拉脚。家境不算富裕,就把多余的住房出租,总共有8个租房户。我结婚第二年(1936年),岳父家就搬出了雷宅。当时的租房户和街坊邻里,都知道这是样式雷的老房。

孙琴南先生十分果决地认定:海淀镇官园21号、22号院,便是样式雷的老房。但是,因为此处住房已在2001年冬中关村

前官园胡同20号

西区规划的建筑施工中被拆除干净了，已无法进行实地勘察。

我的文友张有信同志经过多次探寻走访，终于找到了官园老宅的原来住户和房产所有者雷冠英先生。

雷冠英家住东城区南岗子。他原任天龙东里小学校长，曾荣获北京市劳动模范和市模范校长等光荣称号，现已退休。他从降生即住在海淀镇前官园雷氏旧居。据雷冠英介绍：他自幼听祖母和母亲讲过，他家的老祖宗是江西人，因祖上是为皇宫建筑出样子的，曾被皇帝封过官，受过皇帝的宠爱。前官园的房产是曾祖父以前在清朝就购置下来的。雷宅共有连在一起的6个小院，呈东西向长方形，共有43间住房。宅院的西面和北面被大井胡同包围着，东面和南面是前官园胡同。曾祖父去世后，祖父弟兄俩分家。祖父分得南面的东院、西院和后院。东院是前官园24号，有北房5间，东房3间；西院门牌25号，北房5间和东西房各3间；后院无房，长着50多棵枣树，还有榆树、花椒树等。大祖父分得靠北的3座小院，街门向东，门牌21号。前院有北房4间和东西房各3间；中院北房5间；后院北房5间和东西房各两间。

民国年间，雷家已败落，冠英的父祖辈身无长技，先是经营绸缎生意，后又靠与人合伙开煤栈，同时将房屋出租以维持生计。中华人民共和国成立后，到1956年，雷家将15间出租房过渡到公私合营，房管所每月付给雷家41.5元。"文化大革命"中，雷家又将自住的5间房中交出3间，自家只住两间，其余房屋都归为公有。"文化大革命"后落实政策，政府分给雷家一套两居室住房（只有居住权），又发给4000元钱，房产问题就算了结。大祖父家的房产情况，雷冠英不清楚。

雷冠英关于样式雷老房的介绍，与孙琴南先生的回忆基本一致。虽然门牌号数由于社会演变而略有变动，南边偏东两院的归属认识不一致外，坐落在海淀镇上的位置相同，院落和住房的数目大体一致，家庭人口和职业的情况也基本相符。我们可以得出以下结论：海淀镇前官园的雷家宅院，确实是样式雷家的祖居。除去居民的口碑和雷氏后代的介绍外，还可以举出以下佐证：

第一，雷冠英的父亲曾经告诉他，他们一家的名字都是按雷氏祖谱逐辈排下来的。冠英的父亲叫雷锦章，兄弟三人取名冠英、冠山、冠吾。这正合样式雷"三个五代"名字的排列顺序。这15个字是根据雷家祖茔的碑文整理出来的。第一个五代，玉、振、发、金、声；第二个五代，家、修、思、廷、献；第三个五代，文、章、冠、世、英。雷锦章正是雷廷昌这辈人的曾孙，雷冠英为四代孙。

第二，根据雷冠英回忆，他小时候家里有一个长40厘米、宽20厘米的锡盒子，里面装了二三十枚各式各样的图章。记忆很深的是一枚刻着"龙剑堂雷"的名章。这件珍贵的图章后来遗失了。这正是样式雷家的图章。朱启钤《样式雷考》说：雷发达四世孙雷克修所撰《雷氏支谱世系图录》"边栏刊有龙剑堂三字。龙剑堂为北山支本宗之堂号"。我曾见到许多封由雷思起和雷廷昌亲笔写有"龙剑堂"署名的信封。如"龙剑堂平安家信，雷永荣（思起）拜托"，"龙剑堂雷辅臣（廷昌）平安家信，雷雨亭拜托"等。我还见过一本廷昌亲笔抄录的《化符咒并针法》，书名旁署"龙剑堂雷辅臣订存"。不仅很多亲友知道龙剑堂是样式雷的名号，连一些商家也用此名称呼雷家。我见过几张商家给样式雷送货的便条，上写"二月十五日　送去中萝卜五十斤　龙剑堂　太聚酱园"，还有义聚局送给龙剑堂一石小米的便条。这些便条都收存在国家图书馆存《雷氏来往私函粗底》那一包零散资料里。这枚印章是雷锦章乃样式雷同一宗族的明证。

第三，火烧圆明园以后，正如前引刘敦桢的文章所说：第五代、第六代、第七代样式雷——景修、思起、廷昌祖孙三代，还有思泰、思森、廷芳等，合家都已从海淀镇迁居京城西直门内东观音寺新宅了。但也不是所有的样式雷同宗的人，都同景修一家一起进城居住，雷锦章一家就留在了海淀。

由于缺乏足够的具体实证材料，雷锦章的上溯世系尚难以理清。

槐树街故居

我在国家图书馆图书目录里，查到一本《海淀雷氏修理房间工料册》，将书拿到手一看，封面赫然写着"海淀收什房工料账"！收什即收拾、整理、修缮，原来这是雷廷昌在光绪二年（1876年）亲笔记录的修缮样式雷在海淀镇宅院时，购买零星建筑材料和用工花费的账本。这证明：雷思起、雷廷昌父子在海淀镇确有一座自家独立的宅院。

这部账本封面的左侧是账目名称，正中竖写"光绪二年六月立"，左侧下方写着"雷廷昌经手"。账本为扁方形，200mm×147mm。封面和页内字体为行楷墨笔字，字迹清晰端正，与廷昌亲笔家信字迹对照，系同一人所写。说明这是雷廷昌亲自主持的工程，亲自笔录的工料账目。这个账本是了解样式雷海淀故居的最直接、最具体可靠的材料。

账本可以向我们展现以下真实内容：

第一，这次修房工期为半个月，从六月初九至二十二日。修缮老宅的几项主要工程是：宅西院添盖改盖三卷大房15间；东西厢房两座各3间；原有南房5间添前廊；后照房14间；平房6间；后院盖东西厢房各2间；游廊24间；拌戏房（扮戏房）3间；学房院盖游廊3间；东南角盖草屋，另荷花池1座等。每项工程所需的建筑材料，如白灰、青灰、桐油、麻刀、砖瓦、木料等，都有具体数量在账目中标明。工程总量是不小的，涉及添盖和修缮几十间房屋及其他小型的修缮工作。

第二，账本记录了购买建筑材料及拆回旧料的种类、数量及存放地点。主要有西院大正房存放杨木杆、橡木等；染房院存放杨木料、大门板等；南棚子存放木柁、标柱等；北大门南廊存放果松木料等。

第三，收入支出的账目全部记录在案，笔笔清楚，项项可查。在半个月的施工期间，收到同义钱铺、聚丰粮店、染房和大爷（即白六爷白廷堃）等共11笔，总金额655吊。共支出工料开支101笔，总额635吊，主要包括孟、高、孙、杨、陈姓的瓦、木、石、锯、雕匠的工钱，仅瓦匠就62个工。还有购买茶叶、炉条、颜料、麦鱼子等各类零星用品的开销。收支相抵盈余20吊，"下存海甸票14吊"。这只是修房期间的工料费用，不包括大宗砖瓦木料等建筑材料的开支。

第四，此次修建房舍不是为了自住，而是为了将住房出租。在这个账本封面的左侧，用较淡的墨色写有一行小字："安门窗租出。"这显然是后写的，说明新盖的住房要安好门窗后租出。封面里页写有12个人名和住房及钱数："李七上房西房，十一吊；孟禄东房，三吊五；王姓东房二吊；白六爷西房五吊；夏先生东房，春姓、李姓、吴姓、张姓、张姓、屈姓、侯姓。"这很像是租房户的名单、租房位置和租金数目。在思起写给廷昌的信中，有这样两句话："海淀房节下算人不办。西院也有个街坊，再找一家两家活便。其余封锁。"几天后又写道："海淀房完收工，有三家街坊住，放心。"这似乎说明，将西院新修盖的房间出租给了3户人家。试想，几代样式雷原住海淀镇，迁居城内后将原住房全部出租是可能的，也是合乎情理的处置办法。

在光绪二年（1876年）六月这次修房不久，雷廷昌第二次修缮海淀宅院。样式雷资料中的《私宅工程添盖上房东西厢房底册》，记载了这次建筑工程。主要建筑项目有：续添上房、东西厢房9间，上房耳房，续添盖大门南房3间，续盖南耳房1间，车马棚灰房2间，西南角角门一座等。此次工料开支39项共125吊。连同预购的建筑材料等共用银625两。加上六月那次工程用费1500两，两次共花修房银2125两。

修缮完毕的这座宅院,与前述雷锦章一支所住的前官园雷氏老宅,从规模、格局到建筑质量和档次都是迥然不同的。此宅东中西三路,中路三进,敞亮大门,庭院宽阔,建筑高大,功能齐全,与样式雷的地位、官职及其生活水平是相称的。而前官园的老宅不过是样式雷支系的一座宅院,只比普通人家的住宅较为宽绰而已。

海淀镇槐树街左侧为样式雷祖宅

这座样式雷故居,到底坐落在海淀镇的什么位置?

我将以上情况详细告诉了天津大学建筑学院样式雷课题组的张威博士。张博士说,样式雷的海淀故居在海淀槐树街,这是朱启钤在《样式雷考》一文中明确写到的。我仔细阅读了张博士复印给我的《样式雷考》。此文有两处提到雷氏槐树街祖宅。一处是:雷金玉的3位继室所生的4个儿子,在金玉归葬江宁时都随父灵柩返回南方故乡,"惟(继室)张氏所生幼子声澂独留居海甸槐树街"。另一处是:雷金玉胞弟金鸣之曾孙雷克修,"于嘉庆十四年自海甸槐树街祖宅迁出,别居东直门北新仓"。克修还著文写过"槐树街老宅几不能容,余别有执业,常居京师,遂迁居北新仓"。

这里明确指出：样式雷的海淀镇祖居在槐树街。但是槐树街的这座雷氏祖宅，是不是雷廷昌在光绪二年所修的雷宅呢？它到底是一座怎样的宅院呢？

我从千百种雷氏档案史料中，翻阅到几件珍贵的画样和草图，明白无误地解除了我的谜团。

内有两件残损的无名草图。一件草图是由两张碎片拼接在一起的，上方倒写一行字，"德贝子北面大墙，前面系泄水湖"，下方写"老虎洞"，右方写"香厂大院胡同"。左方无字，这里本应写上"下洼子胡同"。沿左侧画出一块地方，上书"此地系德公爷地方"。稍右写着两行字："前半节以然才□□卖；后半节照房本家还住之。"横线下方写着"内有照房"。在右侧，靠香厂大院胡同只有残存的两行断句："院大房等""间亲友住之"。横线下方写有"染房住之"，左下方又有"纸甫租之"四字。另一草图只有一角撕碎的不足二寸长的小纸片，上边只有"西""十余""槐树""此院"几个字。此纸片正好与上述残图拼接在一起，使原来的两行断句拼合成一个完整的句子："西院大房等十余间亲友住之。"仔细研读这张拼接后仍是残损的草图，我喜出望外，原来这就是样式雷槐树街祖宅！

我还翻阅到样式雷的一张无名画样。这张画样所绘制的一座宅院的三进格局，前中后院的房屋建筑布局与廷昌两次修房的记载完全一致，上房、厢房、车房、草屋、门房等也都相符。最能说明问题的是，门外大街正中画了8个小圆圈和大门前的两个方块。这一排圆圈是栽植在街中央的一行槐树，别处街道胡同的树都是栽在两旁，没栽种在街中央的；图上那两个方块是放在大门前两侧的车辇石的标志。

根据雷宅两次修房账册提供的资料、两幅残图和一张画样，根据我多年对槐树街的踏勘和调查，参照20世纪80年代房管部门绘制的《海淀镇土地利用现状图》和90年代末海淀镇的航拍图，我审慎地试图勾勒出样式雷槐树街祖宅的原貌……

样式雷祖宅坐落在海淀镇北部中间东西走向的槐树街路北。街南侧是德贝子园的北墙，这道虎皮石墙从东到西没辟街门。宅西墙外是香厂大院胡同，后名香厂子胡同；北临著名的老虎洞胡同，这是一条又窄又长的繁华的商业街。东侧是下洼子胡同，这里因为是海淀镇低洼积水之地而得名。这4条古老的胡同名称一直延续到21世纪初。

雷宅占地广阔，南北宽五六十米，东西长一百二三十米，分中东西三路。中路，进大门便是门洞，迎面一座影壁。前院西侧有6间南房，3间是门房，西头3间独辟一座小院，是为书房。这座书房名槐荫堂，它正处在街中央高大槐树的绿荫覆盖之下。样式雷制定的《圆明园等三处内工裱作现行则例》和《大式石作做法》的书册封面上，都写有"槐荫堂"的署名。前院东侧另有一座小院，两间南房是车房，一间北房是马厩，偏西影壁背后是一间草屋。从前院中间穿过屏门是宽阔的中院，3间建有前廊的高大正房是主人居室，东西各有两间耳房；东西厢房各3间，其南侧各有一间露顶耳房。后院3间北房为供奉祖先的影堂，东西各有两间耳房；西厢房两间为神堂，是供奉鲁班像的地方，样式雷拜鲁班为祖师，曾抄录过 1 册《鲁公输祖师秘录按门诀序》；东厢房两间为厨房。

西路前边为宽阔的西院。院正中是一座四合院，三卷正房一座，共 15 间，是雷宅最为高大的建筑物，东西各有两间耳房；东西厢房各 3 间；南房 6 间。四面房屋都建有前廊，共由 24 间游廊围接连通。四合院外靠南院墙是一排 14 间南群房；靠北院墙是一排 14 间照房。照房前院中央修建一座宽 1.8 丈、长 7.2 丈的荷花池。西院后边为染房院，院门朝西，染房是租房客开办的，廷昌修房用款中就有染房付给的 3 笔共 130 吊。染房东北部有几间房在老虎洞胡同开门，后来租给了一家纸铺。

东路的前半截是学房院，北房 3 间加两间耳房，东西厢房各 3 间又各有一间南侧耳房，房间有游廊连通。雷氏家塾配有专职塾师。廷昌家信中有"润斋徐老师如上馆，代我二人问好请安"

槐树街样式雷祖宅的一座东厢房

的内容，可资证明。学房院北侧是一座小花园。东路的后半截盖有一排照房。这里面向老虎洞胡同开辟了一座北大门。

样式雷这座祖宅建在铺设石板道的老虎洞胡同路南，沿石路进入御园路程很近。离畅春园大宫门仅一里多地，距圆明园也只有三里之遥，进园当差非常便当。几代样式雷在槐树街居住近200年，为什么要迁居城内东观音寺？据我看，一是因为圆明园被英法联军焚毁后，海淀也无皇差可应，样式房的工作全部转移到皇宫、三海和东西陵了；二是因为海淀祖宅位于槐树街与老虎洞胡同之间，老虎洞这条繁荣的商业街也遭侵略军抢劫焚毁，连满街铺设的条石都被烈火烧烤得崩裂了。当街的雷宅自然也不会幸免，房屋大部焚毁。样式雷在海淀镇已属无家可归、无房可住，被迫迁居城内。

在槐树街祖宅被焚十几年后的光绪二年（1876年），雷廷昌花两千多两银子予以修复添盖，以便出租给住户。在那幅残损的雷宅草图中，明确地标出各院房屋的用途。除西路后院租给染房和纸铺外，西院大北房十余间由亲友居住，东路后半截的罩房由本家居住。东路前半截在残图上有一个"卖"字，也可能卖予他人。其余的住房全都出租了。

样式雷家由家人李三负责收取海淀的房租。廷昌在家信中写道："如李三下海淀取房钱，给白六爷家寄信，言均平安，身体康泰。"白六爷即样子匠白廷堃，与廷昌一起在东陵马兰峪样式房当差，家住海淀雷家祖宅的西房。李三到海淀收房租时，顺便往白家捎信报平安。雷思起也在家信中写过："李三每取房钱留神考察，并嘱咐他紧催塌欠，不可任意，取钱上来就不愿催取，越欠越多。"可见按时收取房租是雷家很关心的一件事。

在雷氏史料中，有一张雷家向租房户写的《告示》，要求租房户主动保护房产，免遭匪徒破坏抢劫。告示全文如下："诸位贵邻台知：此房系西直门内东观（音）寺雷宅之房。前有雷全勾率匪徒拆毁各院房屋，已经官事三□在案。现今特此预知：倘日后再有拆毁情事，诸位贵邻自管阻挡。如住房人不阻挡，均得赔修。自此之后，如不愿住者，自管搬家。如愿住者，不准拆毁。"我推测，这很可能是发生在庚子之变时的事。当时，八国联军侵入北京，联军司令瓦德西率军占领并劫掠了颐和园，圆明园也再度遭劫，海淀镇社会秩序混乱，一些不法之徒趁火打劫，抢掠店铺、抢人钱财之事时有发生。雷家槐树街祖宅也遭雷全等人拆毁，雷家便出此告示，希望租房户出面阻止拆房之事再次发生。若不是在那种特殊时期，海淀镇是不会发生一伙匪徒公然哄抢毁房这种事的。

雷家海淀祖宅在清朝末年全部出卖了。在雷家绘制的一幅《雷宅置房产图》中，在京城内外多条大街小巷标明了雷家购置的 50 处房产，包括西城东观音寺和西直门外大街、北下关等 3 处住宅，但是其中没有槐树街祖宅。另据记载，东路的前半截，确实在清末就由一位从皇宫退役的盛姓太监购买，并重新修葺改建，作为颐养天年的安居之所。这也证明，雷宅残图标明的"以（已）然卖"的字样，确实是已然将房产出卖了。

到 20 世纪中叶，国民党的反动统治摇摇欲坠。中国人民解放军进军北平市郊。东北野战军第四纵队（即第四十一军）解放了海淀镇，军部住进槐树街一号院，即原雷宅学房院。1949年1月18日，军政委莫文骅和副政委欧阳文，在此院接待了由原北平市长何思源先生率领的"华北人民和平促进会"代表团，对他们耐心地进行说服动员工作，要他们给踞守北平城的傅作义先生带信，希望他接受中共提出的条件，走和平解放北平的道路。何思源先生当晚就与康同璧、吕复等全体代表团成员住在这里。昔日样式雷祖宅，成为和平解放北平进行谈判的纪念地。

新中国成立后，雷氏祖宅的东中西三路在槐树街各设一座街门，分别为槐树街门牌1号、2号、3号。原东路和中路的前半部，成了多家居民住宅。后半部是国营花纱布公司，后改为纺织品批发部，街门向北，成为老虎洞路南最东头的一个单位。原西路南半部即西院，成为海淀区新华书店机关办公地址；后半部即染房院，办起一家织布作坊，公私合营后取名七一棉织厂。20世纪

槐树街门牌号

60年代在海淀镇南部榆树林修建了新厂房，工厂迁走，此院仍归棉织厂占用，街门向西，是香厂子胡同路东唯一的一户。

20世纪末，雷宅原有的房屋建筑大多经过拆改重建或新建，但原有的格局仍然保留，有些清代房屋还依旧使用。2001年春，拆除海淀镇、建设中关村西区的规划全面实施，槐树街样式雷故居、前官园雷氏老宅与古老的海淀镇一起，同被夷为平地。半年后，横穿海淀镇的北四环路建成通车，样式雷槐树街故居原址正处在几十米宽的平坦路面上。

当我花费半年多时间，探寻到样式雷海淀故居时，它刚被彻底拆毁，已不能实地踏勘再见到它的原貌了。我只有仔细揣摩我的几位朋友拍摄的一组照片，专注地端详那槐树街正中矗立的一行高耸的古槐、街北侧雷宅被改建过的古朴的院墙、东路东厢房斑驳的虎皮石墙和成排的屋瓦，雷宅对面德贝子园几十米长的围墙，以及宅北那条早已失去昔日繁华的老虎洞街。一砖一瓦，一枝一叶，都让人记起创造了不朽伟业的几代匠师样式雷。

四环路上雷氏故居遗址

巨山村与样式雷

巨山村，是京西香山脚下一座小小的山村。自元代即形成一个居民聚落。成书于明景泰七年（1456年）的官修地方总志《寰宇通志》中有这样的记载："宋本墓在城西三十里撅山村，元翰林待制谢端撰铭。"（转引自《日下旧闻考》）撅山村即今巨山村。明沈榜著《宛署杂记》第五卷"铺舍　街道"记下了撅山村的位置："（宛平）县之正西有二道。一出阜成门，一出西直门。自阜成门……曰八里庄。又分二大道：一道二里曰两家店、曰松林村、曰阮家村、曰田村，又七里曰黄村、曰黑塔村、曰七家村、曰新庄村、曰北下庄村、曰撅山村。"经过了400多年，巨山村四周这些邻村，大多保持着原来的村名：巨山村北是黑塔村和祁（七）家村，村西是北辛村和西黄村，村南是田村，东边是亮甲（两家）店、八里庄。

巨山又称聚山、聚善、撅山、掘山、绝山。此地乡谚"黑塔无塔，巨山无山"，村西二里才有一座小山，再往西便是西山。西山距巨山村三四里地有座觉山寺。《明一统志》载："觉山在府西三十里悬崖之上，与卢师、平坡鼎峙。"《明宪宗御制重修灵光寺碑略》记载："都城西三十里许旧有寺曰灵泉，金世宗大定二年改曰觉山。"巨山东边的村庄即以与觉山鼎峙的平坡山命名，叫平坡庄；

同样将巨山小村以"觉山"命名为撅山、掘山、绝山,也是合乎情理的。不过这只是我的联想,并无文字根据。后来村民嫌"撅"山读音不吉利,便改为聚山、聚善,现在则以巨山为正式村名了。

2004年的巨山村,为海淀区四季青镇辖村,常住人口420户1306人。

从西山经过福田寺有一条五六米宽的清水小河,流淌的是山洪和泉水,穿过巨山村流进南旱河。巨山村村民的住房便修建在河道南北两岸,河便是街。小河流到村东一直朝玉极庵村方向流去。出村不远向东北方向西平庄分出一股支流,行几十米远又分出一支向正东的南平庄流去。

依山临水的巨山村,历来被视为风水宝地。村庄四周遍布坟墓。最早见于记载的便是元代宋本墓。宋本是大都人,字诚夫,

雷氏墓旁小河

生于元世祖至元十七年（1280年），卒于元顺帝元统二年（1334年）。《元史》有传，称他自幼颖拔异群儿，善为古文。"至治元年，策天下士于廷，（宋）本为第一人，赐进士及第，授翰林修撰。"历任监察御史、吏部侍郎、礼部尚书、集贤学士兼国子监祭酒。居官清慎自持，持论坚正，历任通显，犹僦屋以居，是一位清正廉洁、刚正敢言的清官。著有《至治集》40卷。为宋本墓撰铭的人是翰林待制谢端。二人同师，并曾同教授江陵城中，以文学齐名，时号谢宋。宋本墓早已湮没无迹。

巨山村东有一座清代九门提督墓，占地一顷有余。茔地有两座宝顶，其中一座长出一株松树。村东南有一座那拉氏坟茔，是慈禧太后娘家人的侧室生的儿子。坟茔占地80亩，栽种有四五百棵树，看坟人是一位姓赵的家奴。村西还有一座占地70多亩的坟地，四周围以狗牙墙，坟地内绿树成林。

在巨山村百多年最引人注目的要数雷氏祖茔。此坟是第五代样式雷——雷景修在同治四年（1865年）重修。这有景修手撰"雷金玉及妻张氏德政碑"的碑志为证。志文写道："大清同治四年岁次己丑二月初一日元孙景修重修雷氏合族祖茔墓顶，燕序一堂，以光千载，并修如意围屏。恭撰曾祖考妣实政，是为碑志也。"

雷氏祖茔本在江宁县，但在雷金玉以后，不断有家人埋葬于北京，如金玉妻张氏葬于巨山，另一位继室吴氏葬于海淀迤南的小南庄苏州街大道旁。据巨山村程若富老人讲，雷家有门姓范的亲戚家住巨山村，便托范家帮忙购得了土地和房产，修建了雷氏祖茔。

我在样式雷遗存资料中，见到一纸地契，正是雷景修所购部分土地的文字证明。地契全文如下：

立典契人正白旗蒙古七甲萨灵阿佐领下闲散瑞呈同胞叔法齐贤阿，凭中说合将自置地一段计二十八亩，座（坐）落在聚山村东，四至有宛平县弓尺单可凭。情愿转典于正白旗满洲松龄佐领下员外郎福宅为业。典价底市钱七百吊正，当面收清并无分文欠少。自典之后，倘有亲族人等争竞，以及来历不清拖欠官银私债等情，有法姓叔侄及中保人承管，不与典主相干。典限年满，许典主照例投税执业。空口无凭，立此典契为照。

道光二年三月　日

立典契人　瑞呈

法齐贤阿

知底中保人　董茹栢

这是一块28亩地的地契，土地的位置在巨山村东，正是雷氏祖茔所在地段。地契可能是雷家购地时从地主手中转接过来的。地契上典地的双方分别是蒙古族法氏叔侄和满族福宅，并各在自己所属的佐领管辖之下。据程若富老人说，巨山村大多是从山东、山西、河北迁来的汉族人，本地人也只有少数满族人，他们是为田村暂安处看守皇陵的人，并没有蒙古族人。这块土地的地主，可能是家住北边邻村门头村的健锐营的人。这样说比较符合历史实际，因为健锐营的满族、蒙古族官兵置有地产的人是常见的。巨山村西北有好几顷地也不属巨山村村民所有，地主是蓝靛厂立马关帝庙的太监，新中国成立后利用这些土地建立起一座国营巨山农场。

样式雷的祖茔位于巨山村东两道小河之间的平地上，占地195亩。靠村庄这头是西祖茔，占地43亩，四周有松墙环绕，北、东、西三面栽种四排白杨共242株。阴宅里31株白果松和50株马尾松中间，有排成八字形的8座坟墓。其中3座较大的宝顶，埋葬着雷家先祖。其中一座是第二代样式雷——雷金玉的衣冠冢，葬有其妻张氏，竖一通雷金玉墓碑，额题"圣旨"，末署"诰授奉政大夫元孙景修敬书立"。碑文是：

皇清敕封□赠奉政大夫、由国学生考授州同，我曾祖考讳金玉，字良生，行大，享年七十一寿，生顺治己亥年，卒雍正己酉年。恭遇康熙年间修建海淀园庭工程，我曾祖考领楠木作工程。因正殿上梁，得蒙皇恩召见奏对，蒙钦赐内务府总理钦工处掌□，赏七品官，食七品俸。又因曾祖考七旬正寿，又得蒙皇恩钦赐，命皇太子亲书"古稀"二字匾额。此匾额供奉原籍大堂。我曾祖考于七十一岁寿终。由内务府传，仰蒙皇恩，赏盘费一百余金。奉旨驰驿，归葬原籍江苏江宁府江宁县安德门外西善桥，坤山艮向。查谍谱所载，立有碑志。今因重修祖茔，敬立此碑，是为记也。

碑阴面为"雷金玉及妻张氏德政碑"，额题"承先启后"，末署"诰授奉政大夫元孙景修熏沐敬书，曾孙思起敬立"。

另一座宝顶埋葬着第四代样式雷雷家玺及其妻张氏。墓碑额题"遗训常昭"，末署"大清同治四年二月初一日，钦加五品职衔、诰授奉政大夫孝男景修奉祀敬立"。碑阴面为"雷家玺及妻张氏德政碑"，额题"祖德宗功"，末署"大清同治六年正月初七日吉旦，钦赏五品职衔、盐场大使孝孙思起、思振，九品职衔思泰、思淼报恩敬撰"。碑文是：

公平生雅量，品正清纯，忠厚处事，惠爱存心。一生仗义疏财，利物济人，光前裕后，和睦宗亲乡里。志行高洁，韵宇宏深，敦行孝悌，同气连枝，子孙茂盛。诚知积德之深，实行堪赞，永远可欣。

贤哉德配，淑性慈贞，宽明素位，惠信与人。孝悌为先，勤操自任，闱范最长，恭和敏慎。

还有一座较大的宝顶埋葬着第五代样式雷——雷景修。墓碑为"雷景修及妻尹氏诰封碑"，额题"奉天诰命"，末署"大清同治二年七月初八日敕书"。碑阴面为雷景修墓碑，额题"遗恩永慕"，末署"钦命赏戴花翎、诰授兵部职方司员外郎加二级子婿王多龄、诰授武翼都尉原任京营西便汛守备功服侄雷思立、前选湖南长沙同知现任都察院后厅都事功服侄雷思曾恭撰碑志仝赞。大清同治六年岁次丁卯正月初七日吉旦。钦赏五品职衔、盐场大使孝男思起、思振，九品职衔思泰、思淼，布政司理问衔长孙廷昌敬立"。碑文是：

诰授奉政大夫先文雷府君碑记。赞曰：公之一生，品行端方，勤和处世，和睦宗族，乡里所仰。出言端正，存心敦厚，教子义方，德惠于人，无不诚敬。公年始十六，即在圆明园样式房学习世传差务，奋力勤勉，不辞劳瘁。忽于道光乙酉年正月十五日，公之先考仙游，谨遵遗言，差务慎重，惟恐办理矢（失）当。因公年幼，事出万难，随将掌案名目移于他人承办。公仍竭尽心力，不分朝夕，兢兢业业二十余载，辛苦备尝。复于道光己酉年，旋将世传掌总差事正回。足见公志高远大，移而不遗。光宗耀祖，启裕子孙，皆公之德也。咸丰八年遵旨筹饷例，报捐恩赏九品职衔。又因同治二年七月初八日，诰授奉政大夫之职。公之一生德政，同乡亲友公绚路祭。赞曰：仁德永念，忠厚可风，福备齐荣。

还有一通石碑，也是"雷景修及妻尹氏诰封碑"，但此碑是同治七年（1868年）三月初三日清明节前由思起、廷昌父子及叔侄敬立的。碑阴面是光绪元年（1875年）七月十九日皇帝敕书的"雷景修及妻尹氏诰封碑"。末署"大清光绪七年四月十九日立夏节后，孝男思泰、思起、思振、思森，孙廷煜、廷芳、廷昌、廷霖、廷秀，曾孙献彩、献英熏沐敬立"。西祖茔正中建有一座石围屏。

与西祖茔并排的是东坟，占地42亩。坟墓的北、东、西三面栽种3排青杨，共291株。在55株马尾松中间，有排成八字形的18座坟墓，埋葬着雷家的亲友。坟墓正中修建了一座砖砌围屏。

在东坟的东南方还有一座3亩地的"姑娘坟"，是埋葬未成年女孩的小坟地。

在西祖茔南边隔河修建了一座阳宅。大门北向，门前建一道影壁，栽一排槐树。阳宅占地5亩，修建南北两排平房共10间，供看坟人居住和停灵使用。建阳宅的5亩地便是28亩地中的一部分地块。

雷氏祖茔南、西、北三面环水，修建了3条一米多高、总长100多米的石砌泊岸，岸边和堤外栽种柳树468株。坟茔四周栽植一道长长的松墙。还植有榆树、槐树、垂柳等。总共栽种大小树木3415株，被称为"松墙杨柳城"。

雷思起不仅常到巨山村上坟祭祖，还十分关注祖茔的维修和保护。他在家信中多次关照五弟、七弟，要及时修补宝顶和泊岸，为陵树浇水。他写道："坟地树木浇水想必办了。抹什宝顶抹了未抹？见字将各款写回信来。"没过几天便又写信催促："祖茔老太爷宝顶抹了未抹？周围泊岸有掉落灰缝之处，俱找补泥缝，办了未办？现在天气无雨，何老大告知小魏：千万将树俱浇一次！松树看之萎的多浇！千万千万！"泊岸有"掉落灰缝之处"雷思起都很心痛，反复催促修好。他怎么会想到，那两道泊岸在几十年后被他的子孙拆出来200方石料，全给卖光了。祖坟上那葱郁成林的杨柳和松柏树，先是被日本侵略军伐倒几百株，剩下的也被雷家后代砍尽卖光了。

海淀区巨山村雷氏祖坟仅存的白果松

巨山村周围的上述所有坟茔，在20世纪后半叶全都铲平毁掉，只剩下雷氏祖茔的一株白果松，作为编号"08094"的二级古树名木，孤零零地挺立在村东久已干涸的河沟旁，使人还能辨认出样式雷祖茔的方位。

巨山村有4座古庙，最大的一座被村民称为东庙，正名三圣庵，始建于明代，为合村公建。原占地46亩，有房屋20间，供奉三圣佛、三大士和龙王。庙内有松、槐、榆、楸、椿树10余株。此庙原由僧人管理，但此僧品德恶劣被乡民赶走，遂由合村管理作为公所。民国年间，此庙改办私塾。雷廷昌第五子雷献春，在日本侵华期间曾在此地教过私塾。

被村民称为西庙的是七圣神庙，建于明万历年间，清光绪二十五年（1899年）重修。只有一间瓦房，17.5平方丈，供奉龙王、马王等7尊神仙。每月初一、十五香火不断。街中偏西还有一座弥陀寺，建于明天启五年（1625年），面积2亩，房屋6间。原属募建，民国期间被花和尚卖予私人。国民党军队在此地驻防时，拆掉小庙将木椽檩柁做饭当柴烧了。村西还有一座建于明万历年间的娘娘庙，占地3亩，房屋3间，有泥塑神像6尊。

现在4座古庙拆毁3座，只有三圣庙由私塾改为巨山小学，原址还在，已无寺庙规制，连本村仅有的一通寺碑也无处找寻了。

巨山村人口不多，商业店铺也只有三五家，开业最早的要数位于村街中间路南的龙聚泰油盐杂粮店了。这是光绪年间样式雷在京西开设的一家店铺。我在样式雷遗存史料中，见到一张光绪年间雷廷昌与人联合经营龙聚泰的合同底稿。这份合同的主要内容如下：

立合同东家人雷廷昌，情因意气相投，肝胆付托，今在西直门外京西座（坐）落在聚善村中间路南，开设油盐杂货店生理一座。言明领资本钱二万一千吊正（整），作为七股，东家作为五股，办理铺事人作为二股。……自立合同以后，务要同心协力，矢公矢慎。日后天赐获利，按钱股均分，人力股均分。……倘日后人力股不愿作，以及掌柜不愿用伙计之日，俱按股份清算，傢俱（家具)铺底不与人力相干。此系两家自立合同,以后情愿各不返(反)悔。年终算账,一年一清,三年一总。惟恐人心不古,立此合同,东家存一张,本铺存一张。恐后无凭,立此合同永远为证。

光绪某年月日吉立

与雷廷昌签订合同的"办理铺事人"是柴玉荣。巨山村的龙聚泰油盐杂粮店,真的筹备就绪、开张营业了。店铺设在街中路南小河边上,当街门面3间,后院还有西房和南房各3间,是账房、伙计住房和商品库房。

雷思起、雷廷昌父子都很关心龙聚泰的经营情况,多次抽暇过问,为它出主意改善经营,甚至还亲自为店铺进货。雷思起身在东陵,曾写信叮嘱弟弟思泰:"龙聚泰一切铺事早晚多留神一切不尽之事。""龙聚泰现存粮食如行钱合适,商量卖去,归还借贷,千万。"不久又写信催办:"前来信言及龙聚泰卖粮归还借款之信,千万速办为要。听说京中粮价大涨,五弟看此年景仿佛同治六年光景。听说衙门口(按,位于巨山村西南七八里)一带又有均粮之事,谨防有变。龙聚泰千万不可多存粮食。速为做主办理,归还一款少一款。千万千万。"雷思泰还给身在东陵的思起写信,说"如能带红糖,给龙聚泰带来",这是在为自家店铺开辟货源了。雷廷昌与柴玉荣合作得还算不错,称柴为柴大爷。还曾托大爷帮助买一挂水车,后因为自己"已然买妥",又写信给柴大爷"毋庸办理"。

龙聚泰油盐杂粮店,从光绪二十六年(1900年)由廷昌的妻弟吴某主持经营。后几经周折,在20世纪30年代倒闭。3间门脸由一位叫孙瞎子的人开一个小铺。现在原有房屋已全部拆除,盖成崭新的居民住房。在原址对过现也有一家小杂货店。原先门前的清水小河，在未进村前便被引向东北方向，变作一条排污沟。穿村而过的河道，被垫平修建成水泥马路，笔直而平坦。

雷家在巨山村除建有祖茔外，还购置下不少土地。最大的一块地在祖茔东边，有106亩。另外还有6块地，分散在坟东、坟北和大坑地、坑南、石路迤南等处，共有152亩。由雷廷昌的妻弟吴某开办了一座龙聚泰田庄。庄院的房屋连同场院足有10亩大，雇用了十几名伙计耕种和经营。雷思起和廷昌身在东陵工地，还非常关心京西庄稼的生长情况。雷思泰不断写信向

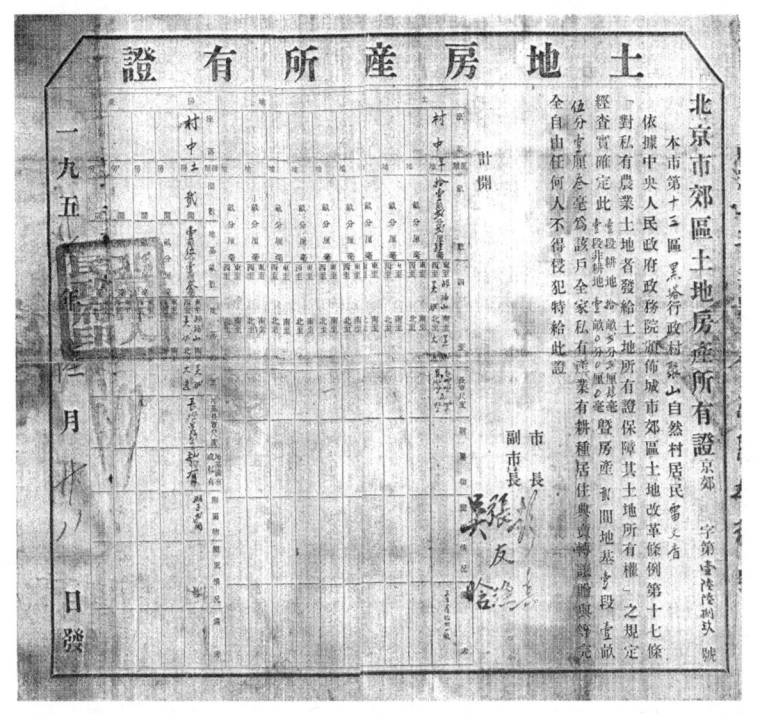

样式雷宅土地房产证

他们通报春播和秋收的进度,以免他父子二人惦念。思泰春天写信给廷昌:"京师十八日得雨,下一天深透,大田俱可种上,不必惦念。叔又向何大爷云:如得雨赶紧速种。"秋天又写信给思起:"龙聚泰大秋未打完场,打完再带信。"若干年以后,随着雷氏家族的败落,龙聚泰田庄这些土地的所有权,大部分都归在吴氏的名下了。

雷廷昌之孙雷文相,在1944年因生活穷困,从北京城里搬到京西巨山村,居住在祖茔阳宅的破屋里。靠在坟间空地种点庄稼和做零活艰难度日。北平解放那年,他都31岁了才结婚。到1955年,举家迁往六七里地以外的西黄村他岳父家落户。样式雷的后代永远离开了巨山村。

燕雷氏与燕桂

在雷氏族谱中,有第六代样式雷——雷思起和他的兄弟思振、思泰、思森"同顿首敬书"的一段文字,记述他们的大姐即第五代样式雷——雷景修的长女燕雷氏,同燕家共十六口人,在英法联军侵占焚掠海淀镇时,壮烈殉难的经过。

燕雷氏生于清道光三年癸未(1823年)九月初四日。在道光二十年(1840年)她十七岁时,嫁给同住海淀镇的燕桂次子燕岐瑞。她在雷家受到良好的家庭教育,"平生行中,虑言中伦,任天而动,率意而行。与人无忤,与世无争。行己以恭,待人以谦,可谓贤德而矣。"(雷思起文中语)婚后夫妻和睦,孝顺公婆,"昼夜侍奉无违,忧思勤苦二十年如一日"。她生有二男二女,俱已早夭。燕雷氏回娘家探望父母兄弟也很方便。燕宅位于镇上御道南侧的杨家井胡同,只需过御道往北穿过一百多米长的莺房胡同后往西拐,便是槐树街样式雷祖宅。

燕雷氏的公爹是畅春园汛千总燕桂。燕桂的父亲是一位商人,在海淀镇东北方毗邻的成府村开设了一家义成木厂。燕掌柜雇了一批伙计,在"红葫芦上坡儿"南侧建起一排平房,人称"燕家锅伙"。义成木厂在咸丰初年承做圆明园工程岁修年补工程甚多,因而发家致富。他用承包皇家园林工程剩余的砖瓦木料,在海淀镇杨家井东口购置宅基地修建了一座宅园。燕桂一家即居住于此,人称燕桂宅园。

我从国家图书馆收藏的样式雷图文史料中,查到一张题为"燕

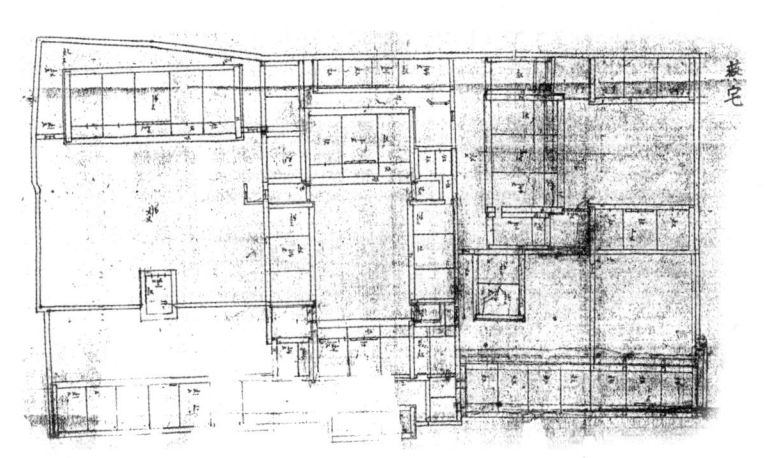

样式雷燕宅画样

宅"的建筑图样，能够详细得知燕桂家宅房屋的布局。燕宅位于杨家井东口路南，分作东、中、西三路。中路，进三间大门后为前院，有东西厢房各两间；跨过穿堂门便是中院，为一座南、北、东、西各建房三间的四合院，南房为正房，南北房都有前廊；后院呈曲尺形，有五间南房和两小间北房。西路的南半部是一座三合院，东房为正房，屋宇宽大，建有前廊，南北两侧还各有一间耳房，南北厢房各三间，西侧为院墙，没建房屋；北半部是两座并排的东、西跨院，东院四间北房和两间东房，西院只有北房三间。东路是一座花园，靠近南院墙建五间大厅，有前廊；北部建一道粉墙，靠北院墙建一排罩房共七间；粉墙正中开一道垂花门，是为北小院到花园去的通道。

燕宅东墙外的胡同，南北走向，也叫杨家井。燕宅东院墙对面路东是清末军机大臣王文韶的宅园。雷氏和王氏这两家宅园，在新中国成立后改建成海淀南大街小学，燕家花园改作小学的运动场。我在1989年去过这所小学。运动场南北靠墙各建有一排平房，是体育教师办公室和体育器材室。操场地下是一个连通海淀镇各条地道的地下枢纽工程，设有指挥部。所以操场干燥起土，学生运动时常有尘土飞扬。经常喷洒清水，也很快就蒸发了。燕家宅基上的建筑，在2001年建设"中关村西区"时被全部拆毁。

畅春园千总燕桂，是清代京城治安警卫系统的基层官员。在清代康熙年间，为保卫京城、维护社会治安，设立步军统领衙门，下辖巡捕南、北、中三营，后改为中、南、北、左、右五营。海淀镇原属巡捕南营，后改归中营。中营副将署原先驻在镇甸泄水湖，后移驻后官园（即新中国建立后的海淀区公安分局驻地）。中营下辖圆明园汛、畅春园汛、树村汛、静明园汛、乐善园汛，共五汛。畅春园汛下辖海淀镇和黄庄、太平庄、八家村、佟府村、六郎庄、冰窖村等几个村庄。畅春园汛守备署设在与后官园毗邻的下洼子胡同和莺房胡同的交界处，今为莺房胡同三号院。守备署衙门坐西朝东，为二进院落；后院还有一个小跨院。大门前有一座一丈多高的影壁，大门两侧各有两间汛兵用房。前院正房三间是大堂。后院的月亮门两侧各有两间堂役用房；西边正房三间为守备办公处所。下洼子中间往东有一条辛庄大胡同，此胡同东口设有畅春园汛下属的左哨千总官房——此官房正是燕桂千总当差之地，右哨千总官房设在黄庄双关帝庙。

咸丰十年八月二十二日（1860年10月6日），英法联军的侵略魔爪，伸向驰誉天下的万园之园圆明园。侵略者在火烧圆明园的同时，也将京西重镇海淀镇劫掠焚毁。当时的著作这样记载海淀镇的悲惨遭遇："二十二日僧王（即僧格林沁）移军迤北。夷人自朝阳门绕过德胜门。薄暮，经过海淀，恭亲王避走。是日德胜门外火光烛天，海淀被焚。"（《庚申北略》）"二十二日……贼匪即于是日直扑海淀，绝无一卒一骑出而御之。遂于酉刻，焚御园大宫门，延及同乐堂、慎德堂等十八处。市肆间如娘娘庙、老虎洞各大街，王公大臣的平野绿泉各名园，尽付劫灭。"（赘漫野叟《庚申夷氛纪略》）"老虎洞、挂甲屯等处，房屋被焚。"（《翁文公日记》）

当海淀镇被侵略者劫掠蹂躏的危急时刻，站出来一位顶天立地的民族英雄，他就是畅春园汛千总燕桂！法国侵略军的一伙士兵，在焚掠老虎洞后，又豺狼般地扑向鸾房守备署北边的下洼子胡同。正在执行巡逻任务的燕桂千总和他的叔父、八品顶戴燕茂林，勇敢地迎上前去，奋力挥刀抵抗，一连砍死数名敌人。但终因寡不敌众，力不能支，叔侄二人先后被侵略强盗乱刀刺死。惨无人道的法国侵略者，竟将二位英雄的尸骸当街焚烧了。

还在八月二十二日英法联军刚一侵入海淀镇时，燕桂夫人即对全家老少妇女说：万不得已时，我们要尽节殉难，以保贞节。燕雷氏闻听此言，毫无惧色，对婆母说：即使婆母不说，儿媳也早有此心。只是我没敢向合家说出来，惟恐大家有求生之意，不忍捐躯。燕雷氏与婆母的对话，使全家老幼早下定了尽节殉难的决心。

海淀镇下洼子燕桂殉难地

八月二十四日，就在燕桂与侵略军士兵拼杀的那一天，海淀镇已是一片火海，侵略强盗在大街小巷疯狂地烧杀劫掠。燕桂夫人悲痛而又果决地对全家人说："外国兵已到，火光四起，事已至此，到了殉难全节的时候了！"燕雷氏把婆母的话当作命令，便率先走进屋去。然后全家老幼男妇共十四口，也都毅然决然地相继进屋，并关闭门窗，自己动手将房屋点火焚烧。全家人壮烈殉难尽节。

这惊天地泣鬼神的一幕，与燕桂在战场英勇杀敌而后牺牲的壮举一样，显示着中国人民爱国抗敌、视死如归的冲天壮志和威武不屈的大无畏精神。

英法侵略军撤走后，燕桂全家遗骸安葬于西郊王家庄燕氏祖茔。

燕桂幼子燕岐俊，向巡捕中营副将陈良才详细讲述了全家十六口同时殉难的经过。步军统领衙门将此事上奏朝廷。十一月二十三日，咸丰皇帝颁发上谕：

瑞常等奏千总合家遇害恳请议恤一折。八月间海淀被扰，中营千总燕桂全家十六口同时被难殉节，情殊可悯。千总燕桂及其亲属八品顶带燕茂林、燕岐源、燕刘氏、燕马氏、燕陈氏、燕雷氏、燕刘氏、燕王氏、燕石氏、大妞、三妞、小妞、四妞、九连、二红，均着交部分别旌恤。钦此。

金勋先生在《成府村志》中，也记述了这一史实："燕桂为畅春园千总。因咸丰庚申之役，八月二十三、四日，法国军队在海甸勾串土匪，放火抢夺。千总燕桂战死，合家十六口自焚殉难。

至今海甸杨家井北口路南有肉球坟，即燕家殉难之地。"

如今，杨家井燕桂宅园、海淀镇后官园中营副将署、莺房畅春园汛守备署和辛庄左哨千总官房旧址，已经在2001年拆除，只有右哨千总官房黄庄双关帝庙还巍然屹立在那里，向人们诉说着燕桂、燕雷氏及其全家威武不屈的英雄故事及其崇高的爱国主义精神。

样式雷的重要成就

万泉河畔御苑

  我在国家图书馆善本特藏部珍藏的样式雷图文史料中，查到几张西花园、圣化寺和泉宗庙这三座御苑的画样。这三座清代康熙、乾隆年间建造成的御苑，位于海淀畅春园附近。对这三座皇家园林的真实面貌，只有乾隆皇帝主持纂修的《日下旧闻考》一书有概略的记载。但人们很难弄清园中各座建筑和景观的准确布局和具体坐落的方位。如果对照样式雷绘制的《地盘画样》，则一目了然了。

  万泉河是海淀的生命之河。它发源于万泉庄西南，这里"源随地涌",泉眼"喷出于稻町柳岸"(乾隆语),多得不计其数。其中经过命名的就有31眼之多,泉水汇成了几个较大的水池,当地群众呼为黑鱼坑、前泡子、后泡子。泉水顺河道北流,进入畅春园。万泉河在西边有一条支流,又叫巴沟河,源头位于距万泉庄二三里地的巴沟村西南。这里也是泉眼集中喷涌的地方,"平地淙淙出乳穴者不可胜数"(乾隆语)。泉水汇为小溪,穿过开挖稻田时掘地堆成的几座小山岗,如九龙山、巴沟山、老公山等,往北汇入万泉河,流进西花园、畅春园。然后往东北方汇入清河。

　　万泉河畔风景秀丽,稻花流水,溪湖纵横,被誉为北国江南。

清代三山五园图中的畅春园及其附园西花园

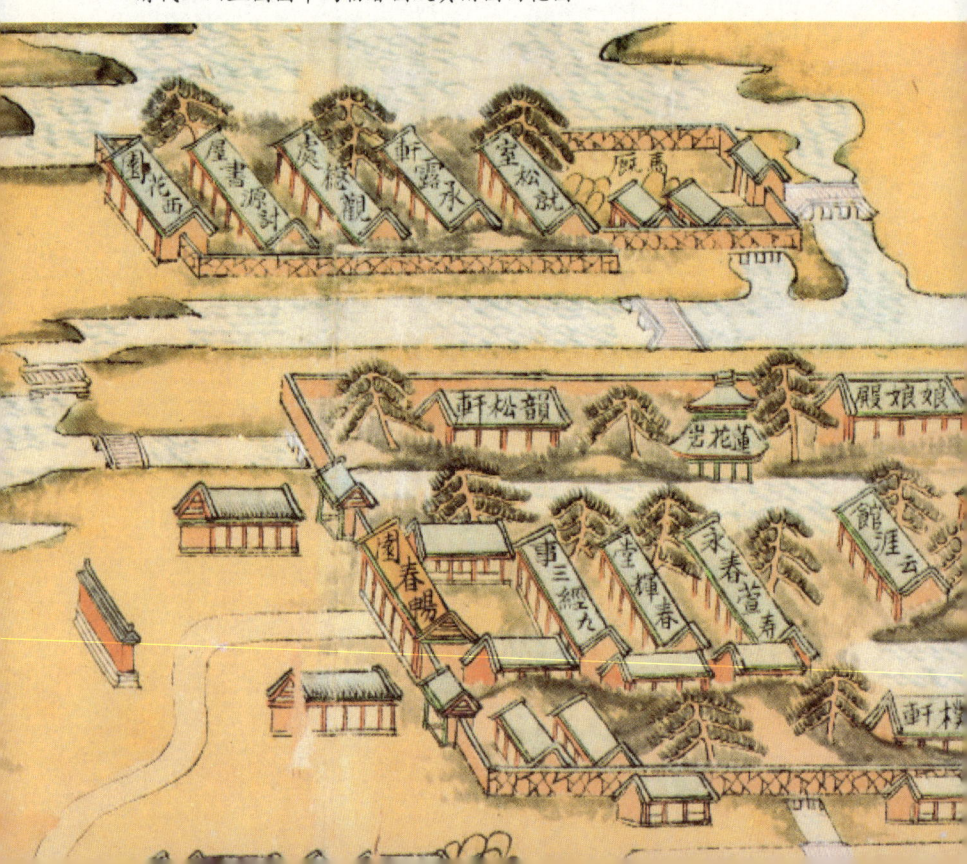

河水流经的地方，不仅修建了畅春园、圆明园等大型御园，还建造了一批宗室赐园和私家宅园，如承泽园、含芳园（蔚秀园）、淑春园、朗润园、近春园、清华园等。还有三座面积较小的皇家园林，便是西花园、圣化寺和泉宗庙。

西花园 是畅春园的属园，位于御园的西墙外偏南，故名。它是在玄烨于康熙二十六年（1687年）第一次驻跸畅春园后才开始修建的。据《关于江宁织造曹家档案史料》收辑的清廷内务府总管赫奕等人的几封奏折提供的材料，证明《红楼梦》作者曹雪芹的祖父曹寅，在任内务府郎中期间，曾经负责修建西花园的工程。这些工程包括：在西花园修筑房屋、木桥，添置陈设古董，

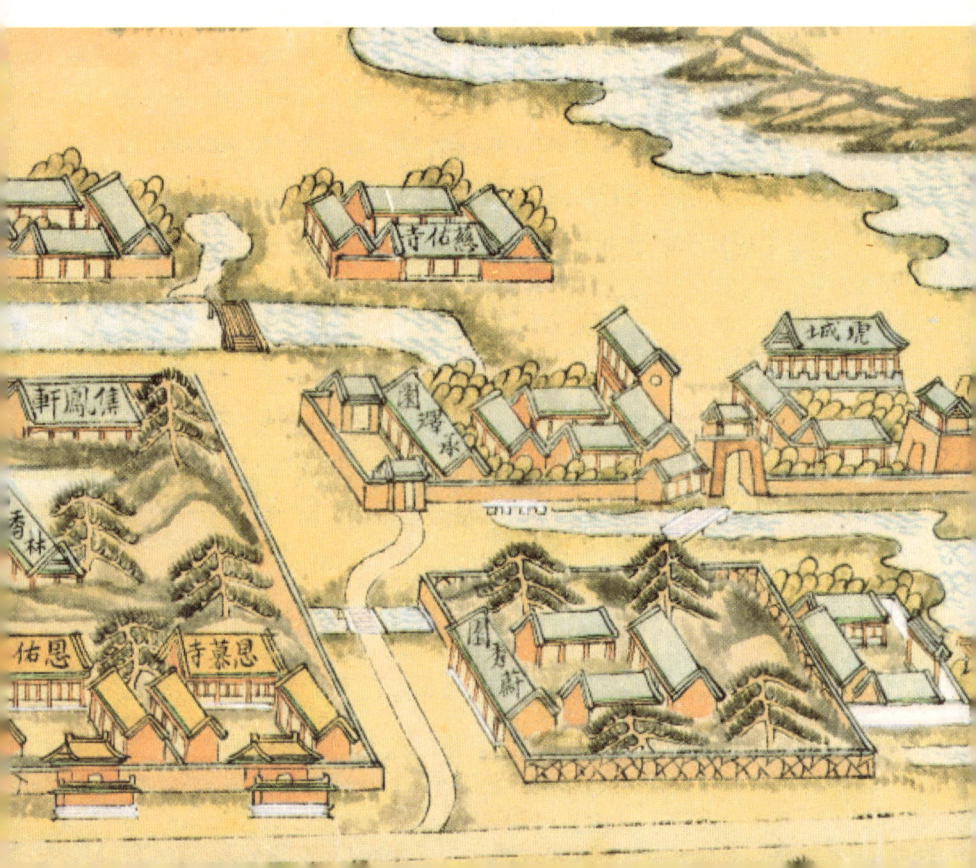

堆砌假山泊岸，栽植松竹花卉；在圣化寺修亭子、造船、补修山门泊岸；在六郎庄修建真武庙配殿，修造和尚及园户住房等，共花银十九万四千多两。

根据样式雷的《西花园现查情形》画样可知，西花园是一座水景园，园内水面所占比重很大，穿插以大小岛堤。花园南部是一座宽阔清丽的荷花池。花园内的主要建筑为讨源书屋。《日下旧闻考》载："西花园河北正殿五楹，为讨源节屋。左室五楹，右为配宇，再后敞宇三楹，为观德处。"书屋的匾额为康熙御书。乾隆年间，弘历到畅春园向皇太后请安时，"亦每憩此，资政论材"，是他听政议政的殿堂，也是休憩赏景的地方。他曾写了一篇《讨源书屋记》悬于殿壁，还写有讨源书屋诗多篇。

荷花池畔建有南、北、中、西四所，是皇子皇孙居住的地方。南所门三楹，二门内正殿五楹，东廊门内正室九楹，西廊门内正室五楹。东所在南所之东，正殿五楹，西廊门内正室二层，再西正室七楹。中所正殿五楹，东西廊门内各有一座二层正室，都是三楹，东廊门内还有正室三楹。西所有正殿五楹，西廊门内正室二层。皇子允礽等曾在西花园居住、学习。

园西南门内建有承露轩，后厦为就松室，东有龙王庙。题额皆乾隆御书。他还题有《承露轩》诗："松轩潇落有书筵，树古全赢铜铸仙。试看瀼瀼承瑞露，依然宝瓮见尧年。"

玄烨曾写过一首《畅春园西新园观花》诗：

春光尽季月，花信露群芳。

细草沿阶绿，奇葩扑户香。

> 寸心惜鬓短，尺影逐时长。
> 心向诗书奥，精研莫可荒。

玄烨去新建成的西花园观花，由花及人，写出了赏花时的心情：三月春光将尽，春花按花期纷纷绽放。沿着庭阶的细草，生长得湛青碧绿，奇花的香气扑进门窗。时间如飞驹过隙般的短暂，要珍惜和利用这宝贵的时光。要深入理解诗书深奥的道理，精心钻研，千万不可虚掷光阴。作者由植物界的花联想到人世间的花，由花开花落联想到时间的易逝，从而勉励皇子皇孙们要抓紧时间，努力学习。当然，这句诗也可理解为玄烨自励之词。

西花园在咸丰十年（1860年）惨遭英法联军劫掠，遭到严重破坏。同治年间，清廷曾计划修缮破旧的西花园。国家图书馆藏有一张样式雷彩绘《西花园地盘画样》，绘制了讨源书屋的殿堂布局。园内东西向的小河南岸为稻田，跨过河上的石平桥，西侧有三间朝房，东侧是三间看守房。进入五楹的大宫门，东西各有五间朝房。进入五楹的二宫门，迎面是前殿五间，东西配殿各五间，南侧又各有露顶耳房二间。后院是七楹后殿，而不是《日下旧闻考》所记的三间敞厅。或许因为此图是同治九年（1870年）所绘，中间已经过重建改建了。后殿两侧有顺山房，西侧五间，东侧九间。此图的房屋名称和间数，都用贴在图纸上的黄色纸签注明。

还有另一张同样的但没有纸签的画样，上面注明"西花园九年六月初五日查得情形糟（糙）底"。而与此图装在同一纸袋内的其他画样，都标明"同治五年"。此图很可能是同治年间修缮西花园,样式雷受命调查西花园内建筑现状后绘制成图呈报御览的。图上有很多纸条写明"头停渗露,瓦片脱节""墙顶坍塌,过木沉陷""门扇无存"等,可见房屋已破烂不堪,但并未完全倒塌。另有很多纸签上写着"拟补砌墙垣""拟修理""拟改修随墙门口"等许多修缮建筑的具体措施。画样上还写明:"共殿宇大小房七十四间,内拟粘修五十三间。现存游廊二十一间。"这是一个全面整修西花园宫殿建筑的具体计划,但计划曾否实施不得而知。

万泉河

到民国年间,西花园随畅春园一起,被开辟为稻田了。

圣化寺 在西花园西南方二里,沿万泉河西支(即巴沟河)即可抵达。乾隆八年(1743年),弘历写过一首《西园泛舟至圣化寺》(西园即西花园)诗,就记下了沿岸风光和他的得意心情:

万泉十里水云乡,兰若闲寻趁晓凉。

两岸绿杨蝉喈喈,轻舟满领稻风香。

远山螺黛映澄潭，润逼溪村绿意含。
　　谁向萧梁庾开府，帧头买得小江南。
　　淰淰轻寒上葛裳，物情人意酿秋光。
　　芰荷惆怅西风里，作意临波艳晚妆。
　　苾蒭一滴觅曹溪，觅得曹溪也是迷。
　　何似无心闲逐景，好山迎我作诗题。
　　连朝甘雨活雕枯，水畛山畦翠更腴。
　　犹见西峰云气润，阿香重展米家图。

第二年，弘历又写一首《泛舟至圣化寺》诗：

　　万泉十里接西湖，两度舟行忧喜殊。
　　一夜甘霖迎尺泽，高原下隰总回苏。
　　两岸溪田一水通，维舟不断稻花风。
　　课耕农父蓑台笠，只此忧欣尔我同。
　　润逼林轩露气濛，卷帘天水净长空。
　　黄庭七字何须悟，人在和风霁月中。

　　这两首诗都是记载弘历在万泉河上乘船去圣化寺。而他在乾隆三十一年（1766年）是乘肩舆沿河堤去的，这有他写的《由万泉堤上至圣化寺即景杂咏》一诗为证。他在此诗小注中，记下疏浚万泉河道、增辟大面积稻田的史实。弘历写道：万泉久湮塞，甲申（乾隆二十九年，1764年）岁始命疏浚，即其地开水田，今春复加垦辟。稻畦鳞次，属以长堤，迤逦至圣化寺，宛然江乡风景。他在诗中写出"春仲鸠工辟塍畖，稻秧今春已菁葱"的句子，为他自己重农兴稼、兴修水利的业绩备感欣喜。

圣化寺建于康熙年间。内务府郎中、玄烨的奶兄弟和伴读曹寅，曾参加此园的修建工程。根据《日下旧闻考》的记载和样式雷三张《圣化寺画样》，可以大体了解圣化寺的建筑布局。

这座小型皇家园林的中心是圣化寺。山门前有巴沟河流过。进入三间山门，东侧钟楼，西侧鼓楼，鼓楼前有水井一眼。二宫门是天王殿，两侧为穿堂和转角房。五楹大殿呈品字形。额题为"香界连云"，东西配殿各三楹。后殿为五楹的三皇殿。西角门内为观音阁，额题"海潮月印"。东角门为龙王殿三楹，其后为星君殿三楹。观音阁以北为御座房和御膳房。三皇殿的东边直至东北角，是五排僧房，每排五间。

圣化寺的山门外有北所。正殿五楹，额题"青翠霄汉"。西院正殿五楹，额题"和风霁月中"。左为虚静斋。这几处匾额都是康熙御书。临河为欣稼轩，额题为乾隆御书。

自北所东桥转西，有含淳堂、得真斋、仙楹佛楼、湛宁斋、襟岚书屋、瞩岩楼等建筑。

康熙和乾隆二位皇帝，非常喜爱圣化寺这座小行宫。这里西临长河，风景幽雅，建筑精美，地近畅春园，是他们经常莅临之地，其中的虚静斋是最喜盘桓的行宫别馆。乾隆十三年（1748年），弘历作《虚静斋小憩》诗："长堤界西湖，万泉居左侧。因成内外河，别业邻香域。"把这座建于湖河环绕的水中园林，写得幽静可爱。他还以同样的笔触，写过一首《襟岚书屋》诗："一溪绿水横拖带，半障青岚斜展襟。设问会心何处是，洒然而静淡而深。"

圣化寺与西花园的命运相类，咸丰十年（1860年）被英法联军焚毁,民国年间被辟为稻田了。

泉宗庙 建于清乾隆年间,但在 20 世纪 70 年代还遗留有明显的痕迹。

70 年代的一个秋天,我在万泉庄蹲点三个月,帮助村里工作。我和万泉庄大队第四生产队(长春桥村)指导员、党支部支书赵立贤同志一起,骑自行车自万泉庄到长春桥去。我们沿着由东北向西南的大车道前行。在距长春桥约一里地的路东稻田里,有一块约四五亩地大的高低不平的废弃地,约高出周围的稻田一尺左右。我停车问立贤:为什么这块地没种水稻?他说:这块地里尽是些砖石房屋地基,刨不干净,很难犁平,就这样一直撂荒着。他告诉我:这是乾隆皇帝修建的泉宗庙原址。他还乘兴站在稻田地头,给我讲了一个乾隆修泉宗庙的故事:乾隆爷是一位风流天子。他六下江南,游山玩水,享尽了荣华富贵。他在扬州一个尼庵里看上了一位小尼姑。见她长得俊俏出众,聪明伶俐,就想把她带回京城,养在皇宫里做一名妃子。驾返京城后,他怕皇太后不允,便在离御园不远的地方,修建了一座佛寺,把小尼姑藏在庙里。他向往着小尼姑快点长出头发来,变成一个披着满头青丝的美人儿。就把这座庙起名"全鬃庙"。"鬃"就是头发,全鬃就是长满头发。

立贤还一本正经地问我:你说,会真有这种事儿吗?

当然不会。当时皇太后就住在畅春园,与泉宗庙近在咫尺。在建泉宗庙当年,乾隆便请皇太后来庙观瞻游玩,还写了一首纪行诗《六月四日诣泉宗庙瞻礼遂奉皇太后游览》,其中写道:"祠建泉宗始昨春，落成此日礼泉神。……皓日宜旸辉绿栋，薰风递爽奉安轮。"弘历既然背着皇太后庙里藏娇，怎么会请太后来庙引火烧身呢！

乾隆帝修建泉宗庙是为了供奉泉神。他在《泉宗庙记》中写道："泉之所在神斯在焉。则吾之构殿宇而严像设之意亦如此而已矣。"而供奉财神又源于其重农兴稼的治国谋略，即"永灌注之利，无旱暵之虞，重农兴稼"。

乾隆认定泉神在万泉庄，所以把泉宗庙建在这里。

国家图书馆收藏两幅样式雷色绘《泉宗庙地盘画样》，对庙内外的地势、建筑和景观，绘制得非常详细。使我们能准确地掌握这座行宫的全貌。其中一幅图长近三尺，宽约二尺，假山涂成土黄色，山石用墨笔勾勒，湖水、河道为淡淡的草绿色，房屋和走廊都画出了间数，连门前台阶也清楚地标出，牌楼画出石柱根数，屋宇和山水间的道路用虚线标明，所有建筑物和泉眼的名称都用黄纸标签写得清清楚楚。

泉宗庙坐北朝南，缭垣394丈，占地30多亩，呈方形。庙前是泉水成片的水泡子，这便是万泉河的源头。泉水北流，从寺庙东南角东墙垣下的进水闸流进庙里。与寺内众多泉水汇合，形成几个大小不一又互相连属的水池，曲折迂回北流，从庙西北角的西垣出水闸流出，弯曲前进，经过万泉庄和海淀镇西侧，流进畅春园。

泉宗庙除南面正门外，右侧有宫门，左侧有砖门，可直通庙内，东垣正中有一座东砖门，西垣有西罩门。庙的四个墙角外，建有四处堆拨，东南角即大门左侧的堆拨规模最大，有五间房，四处堆拨房共计十三间。

泉宗庙由中路的寺庙殿堂和东西两所亭苑组成。神殿占地较少，亭苑倒占了大部分地面，所以这座名义上的寺庙实际是一座建在万泉之中的真正的行宫。

中路，庙门三楹，额题"泉宗庙"三字。门前东西各有一座南北走向的牌楼。东坊额题"禹甸原隰、既清既平"，内联为：循玉岫明湖，于焉映带；导西沟东雉，因之委输。西坊额题"豳风画图、乃疆乃理"，外联为：露刻亚鳞塍，溉从谷口；云浆分乳窦，溯得源头。大门内左右各有一座碑亭，西亭恭勒《御制泉宗庙记》，碑阴为乾隆三十二年（1767年）丁亥御制诗；东亭恭勒乾隆三十二年（1767年）丁亥和四十年（1775年）乙未御制诗。

进入二门即三楹的涵泽门，即正殿普润殿。殿宽三楹，内供奉龙神像，额题"灵源广济"，龛联为：千顷沃丰穰，神贻之福；万源资挹注，水得其宗。额联是乾隆御题，龛联表明了其建庙宗旨。东西侧各建有三间配殿，样式雷制"地盘画样"上注明为"穿堂"，可知是通向东西亭苑的通道。普润殿后临近北墙为枢光阁，是上下五楹的楼房，有东西配殿各五楹。枢光阁内供真武像，乾隆在《泉宗庙记》中说："祠之后为杰阁，奉北极以镇之，盖亦取乎元武主水之义。"阁下供龙王龙母像，额题为"涵元溥利"。

东所中部为挹源书屋三楹，弘历称之为"泉上书庐"。屋后为秀举楼，上下八楹，面临假山，左有水池，树木婆娑，清辉掩映。楼西为三楹东书房。东北方为主善堂和湛虚楼，楼上下各三楹。

东南部水池相连，假山叠翠，上下六楹的曙观楼坐落其中，可欣赏到沙泉拍岸，风漾涟漪，野鹭翻飞，山影倒垂。楼西北和东北有各为三楹的南敞厅和另一敞厅。稍北，两道水池之间有观澜亭和六方亭。再北是建在竹丛中的扇形屋宇扇淳室和可赏"高者树叶绿，低者稻苗绿"的临墙建筑向绿轩。

西所中部为三楹乐清馆，馆前建一座皇碑亭，亭内恭勒《御制万泉庄记》。弘历在碑文中记述了在万泉庄建泉宗庙的由来，他写道："万泉之名盖应在此而不可他属……夫人皆知此为万泉庄，而泉之源又实在此，此不可不正其名而核其实也。因命所司建泉宗庙于此地。"碑亭西有三楹西书房。乐清馆迤东为建于水池北岸的三楹辉渊榭。榭北为正厅依绿轩。乾隆很喜欢这座书房，他写道："书轩新构倚泉宗，过两林光绿意浓。……绣塍籼稻青千叠，皴石葛苔翠几重。"辉渊榭之南建两座石坊，东坊额题"源随地涌、汇川印月"，西坊额题"景自天成、引派涵星"。稍东有座方亭，名津逮亭。西所的西南部假山上有一座三楹敞厅，名爱景庭。登庭四望，远巘近泉尽收眼底。庭西为三楹集远堂。西所西北角还建有十几间值房。

偌大一座泉宗庙共有多少房屋建筑？样式雷制《泉宗庙地盘画样》清楚地写明："泉宗庙共殿宇房计八十四间，游廊二百一十一间，扇面亭一座，八方亭一座，六方亭一座，四方亭一座，碑亭三座，牌楼二座，石牌楼二座。"

乾隆帝最看重万泉庄的泉水，他为庙内外的三十一眼泉取名并题字刻石立碣。《万泉庄记》写道："若大沙、小沙、巴沟皆立碣以志之,而庙之内东西为池沼亭台若干所,其淙泉处亦皆与之名而志之,碣凡二十有八。"据样式雷画样可知,沸泉位于庙门左坊南边水泡子北岸。

中路有一泉。即普润殿东配殿南侧的洗钵泉。

西所有九泉。爱景亭假山东边有贯珠泉。依绿轩前的水池东端有浣花泉。乐清馆南的方池有月泉。另外六泉都在西所东部延及南北的水泡子里:西岸牌楼东西、辉渊榭之南,依次有漱石泉、漪竹泉和云津泉;东岸津逮亭附近有柳泉、枫泉和稍北水池中的乳花泉。

东所有十八泉。主善堂西水泡中有琴脉泉。挹源书屋周围水泡中,西有杏泉、澹泉、浏泉,东有桃花泉、白榆泉、晴碧泉。南部观阔亭周围水泡中,有松风泉、跃鱼泉、藕泉、潓泉、屑金泉,西南部水泡中有水壶泉、露华泉、印月泉、鉴空泉、规泉、锦澜泉。

乾隆帝郊居圆明园时,到畅春园向皇太后问安毕,经常顺万泉河堤南来泉宗庙,不是与南方掠得的尼姑缠绵,而是向泉神瞻礼、观赏郊野风光和读书吟诗。五里沙堤逶迤宛转,堤上栽种桃树和柳树。岸边是新开辟的广漠的稻田。弘历总是轻车简从,乘坐肩舆欣然而往。他在《出畅春园门自堤上至泉宗庙杂咏》等诗中,就记述了这样的史实:"政务详裁无逸斋,余闲未报午时牌。出园一览泉宗胜,减从何须法驾排。……灵源不冻玉泉同,五里而遥莅梵宫。颇有亭台各缀景,遂教散步自西东。""肩舆轻拂晓风凉,泉上祠无六里强。最是新秋澄爽气,暂教停跸赏烟光。"

这座被称为御苑行宫之精品的泉宗庙,经过咸丰十年(1860

年）英法联军之焚掠，已残破不堪。样式雷在另一张《泉宗庙地盘画样》中，在相关的殿堂原址，贴有五张淡红色的签条，写有如下字样："依绿轩坍塌，安佑宫抵用"，"乐清馆坍塌，安佑宫抵用"，"秀举楼坍塌，东路神州三岛抵用"，"挹源书屋坍塌，西路四执事抵用"，"曙观楼坍塌，中路戏台抵用"。这表明，当样式雷绘制这幅地盘画样时，很多建筑物已经坍毁无存。到清代末年，仅剩寺院围墙和一些零星残破的建筑了。

进入民国以后，这里最后一点残址遗存也被拆尽盗光。据我的文友、园林专家张恩荫说：泉宗庙的汉白玉石牌楼，在20世纪二三十年代之交，被张作霖拆运到东北，用在张氏陵园了。而辉渊榭前后坊的两块乾隆御笔匾额"引派涵星"和"景自天成"，后来被悬挂在中山公园唐花坞西侧的八方重檐琉璃亭内外。

如今，万泉河上的这三座御苑，几乎是无迹可寻了。

新中国成立后，万泉河经过几次大规模的疏浚和修建，西支断流，东支无水，泉眼完全枯竭，以京密运河即昆玉河水（原长河河道）为水源。巴沟路东口以上的河道改为暗河，以下河道经过裁弯取直，北至清华园改建为水泥砌筑，河堤两岸建起白石栏杆，清新夺目又而整齐美观，当然也失去了往日的生态环境和郊野风光的意趣。

万泉河西岸于2003年9月建成并正式向游人开放的海淀公园，就是建在畅春园和西花园的原址上。这里成为中关村科技园区的中心区，是北京城区最大的一块自由出入的休闲游览绿地。海淀公园以南的万泉河流域范围，即六郎庄（柳浪庄）、万泉庄

20世纪80年代初玉泉山下的京西稻

一带,被开辟建设成万柳小区。稻田已被占尽,全体居民迁走,几十座新式的住宅楼和别墅拔地而起。圣化寺原址上建成了"碧水云天·颐园"和"康桥水郡"住宅园区,而泉宗庙原址则建成了"光大花园"和"锋尚国际公寓"。

如今我也迁来这里办公和居住。问起我的同事和邻居,他们从未听说过什么圣化寺和泉宗庙。当我讲起这段历史轶事时,他们好像在听一段《天方夜谭》的故事。

样式雷与同治年间重修圆明园

在国家图书馆、故宫博物院、中国第一历史档案馆和清华大学图书馆等单位收藏的样式雷史料中，除有大量的建筑画样、烫样外，还有不少文字资料。其中引人瞩目的是《旨意档》(或称《上谕档》)、《堂谕档》《司谕档》。这些全是样式房记录的皇帝和内务府官衙关于修建圆明园等皇家宫殿园囿和帝后陵寝的谕旨和指示。

清代掌管朝廷宫禁事务的机关是内务府，其最高官员是总管内务府大臣，同治年间主管重修圆明园的内务府大臣是明善。内务府衙门分"内务府堂"及所属"七司"和"三院"。内务府堂又称"堂上"或"本府"，内务府大臣之下有"堂郎中"（夸兰达）一人，又叫"坐办堂郎中"，修园时的堂郎中是贵宝。营造司是"七司"之一，犹如政府之工部，原名叫"内工部"，掌管宫廷缮修工程事务。作为样式房掌案的雷思起的差务，便是由明善和贵宝等内务府官员直接分派的。上面提到的《堂谕档》便是记载的内务府堂的指示，《司谕档》是内务府营造司的指示和通知，而《旨意档》则是记录同治皇帝和慈禧皇太后谕旨的。这些样式房遗存的文字档案中，保存了大量的同治年间重修圆明园的珍贵资料，也清楚地传递出样式雷在建园活动中的丰富信息。本文记述的便是我在翻阅这些历史资料时留下的几点最为深刻的印象。

第一，同治年间重修圆明园是一项紧急而又机密的巨大工程。

在重修圆明园的初期，雷氏档案中大量地反复地出现"赶紧办""赶紧做""速进园""赶紧烫样""赶紧进呈"等这类急迫地催促加快进度的字样。例如同治十二年（1873年）十月二十九日内务府督促样式房掌案雷思起"赶紧烫样"呈内务府堂。十一月十一日又催促"赶紧烫样进呈"。十三日又发出通知："著算房赶紧按烫样造具做法清册，著会同样式房合对丈尺，如有遗漏，惟算房、样式房是问。"十九日，堂夸兰达向皇上面奏：双鹤斋的画样存在家宅。皇上当即降旨："著去取，赶紧进呈。"二十二

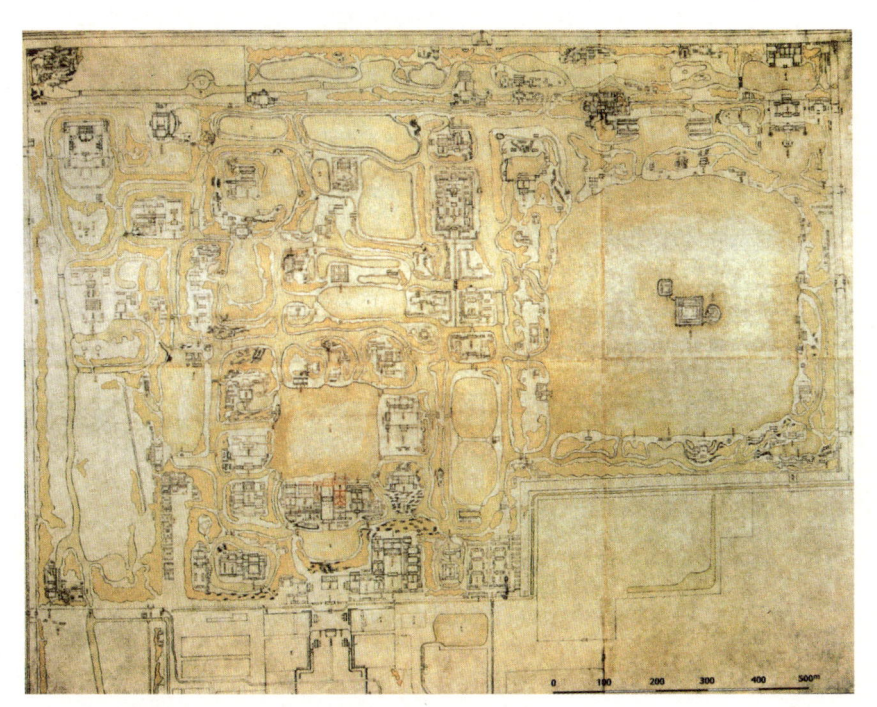

同治朝重修圆明园所绘圆明园地盘形势图

日，内务府郎中贵宝，对所需的珍贵装修木料，要求雷思起"赶紧斟酌好手艺雕匠赶紧成做"。其他如"昼夜赶办""赶紧一月内修齐""赶紧于午刻进城"向皇上进呈装修烫样等，催促工程进度的指示随处皆是。

为什么重修圆明园如此紧急呢？

这是因为此项重修工程任务量大、时间短，还有一些人为的因素，都要求加快进度，迅速完成。

同治十二年（1873年）开始进行的重修工程，按同治皇帝和慈禧太后的如意算盘，除清除英法联军焚园后的劫毁房基、残垣断壁和堆积如山的渣土废料外，"按照呈准烫样，应修殿宇房间不下三千余间"。按样式雷在重修工程前所制作的画样、烫样的顺序，依次是：圆明园内的安佑宫和万春园内的天地一家春、清夏堂；圆明园大宫门、正大光明殿、勤政殿、上下天光和中路各堂；圆明园的双鹤斋、杏花春馆、同乐园、武陵春色、万方安和，长春园的海岳开襟等。此外，还有大量的需要修筑的道路、桥梁、河道泊岸及围墙、门楼等附属工程。需要动工修建的大约相当原修建圆明园工程总量的三分之一。

如此巨大的工程量，必须在不到一年的时间内完成。因为同治皇帝重修圆明园的目的，就是要在新建的皇家园囿为慈禧太后庆祝40大寿，为此还降旨将绮春园改名为万春园。而慈禧太后的诞辰是十月初十日，即重修圆明园的工程必须在同治十三年（1874年）十月以前完成。同治皇帝在十二年十月初二日（1873年11月21日）正式颁发了朱谕："朕念两宫皇太后垂帘听政十一年来，朝乾夕惕，倍极勤劳，励精以综万机，虚怀以纳舆论，至德聪明，光被四表，遂致海宇升平之盛世。……朕再四思维，惟有将安佑宫供奉列圣圣容之所，及两宫皇太后所居之殿，并朕驻跸问政之处，择要兴修……庶可上娱两宫皇太后之圣心，下可尽朕心之微忱也。特谕。"圣旨颁发全国，十月初八日，重修圆明园的工程正式开工。

这本来就是一项十分紧急的工程，又由于帝后有浓厚的封建

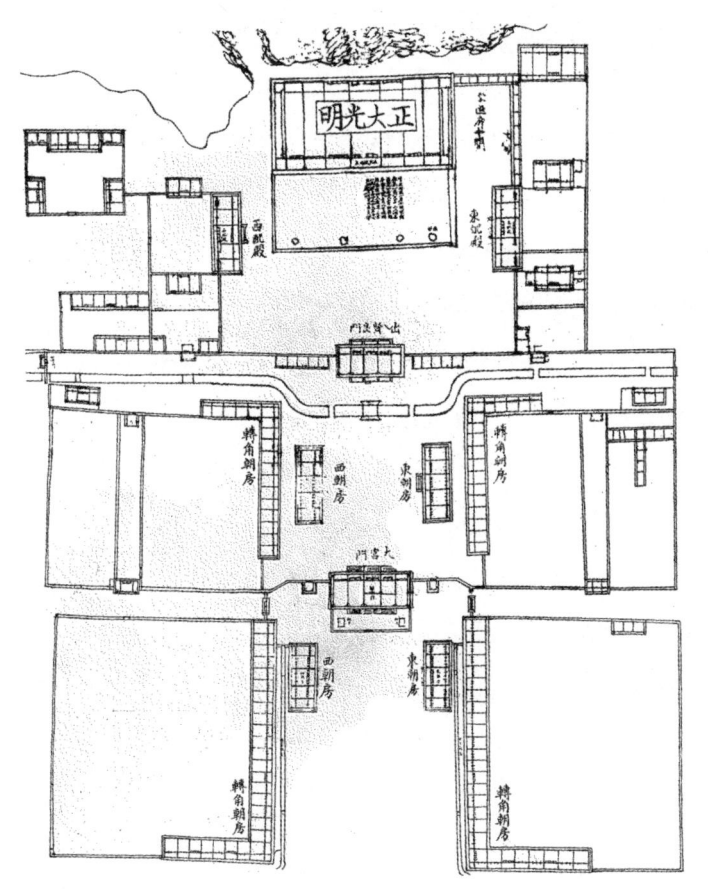

圆明园大宫门区景区平面图

迷信思想，更人为地增加了工程的紧迫性。按照迷信的说法，同治十三年（1874年）癸酉是什么"太岁冲犯"，不宜上梁。于是由钦天监"遵旨敬谨选择供梁吉期"于十二年（1873年）十二月十六日，提前供梁。在紧急清理了23座殿宇的基址后，搭起临时高架，然后把正梁置于高架上，这就算象征性地完成了供梁工序以待来年最后建成殿堂。为准备急用的20多根梁木，遵照"著拆藏舟坞、近春园、三山查找各座选用"的圣旨，急速地从园内藏舟坞以及清漪园、静明园、静宜园以至海淀镇灯笼库等处，拆卸下成批的旧木料充用。样式房档案在这一天专记了供梁一事，还记载了朝廷官员主持各殿堂供梁仪式的名单："十六日辰初二刻供梁（各商袍褂料，头目十，干夫二千）。崇大人安佑宫行礼，明大人正大光明，魁大人天地一家春，春、诚大人中路，贵慎德堂。"提前供梁，使得年底前的建园工程益形繁重而紧张。

在正式宣布重修圆明园开工以前，同治皇帝即"秘密"进行准备工作，当时是十分机密的工程。

对于重修圆明园，同治皇帝原是持反对态度的。同治七年（1868年），御史德泰曾奏请重修圆明园，同治皇帝痛斥德泰"荒谬离奇""丧心病狂，莫此为甚"，并将德泰革职逐出朝门。但慈禧太后面谕军机大臣"养心殿地太迫窄"，暗示要重修圆明园。朝廷中希图邀宠和从中渔利的官吏，竭力鼓噪怂恿。皇上不敢违拗太后懿旨，便积极做重修的准备，并于同治十二年（1873年）十月宣布正式开工。但御史沈淮和游百川立即分别上书表示反对。正是由于要尽量防人耳目，不事张扬，又因为所修园苑为皇家禁

万方安和（圆明园四十景图）

万方安和平面图　　　　　　　　万方安和平面图（样式雷）

地，是皇帝驻跸问政和两宫皇太后寝居之所，便使这一工程成为需要保守机密的工程。

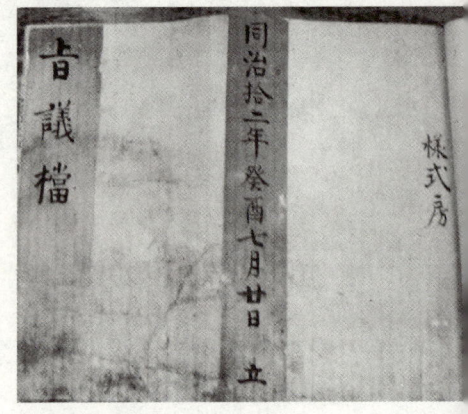

据样式房《旨意档》十一月初九日载：皇上在召见内务府大臣明善、堂郎中贵宝时，"皇上问：圆明园内尚存多少处？贵回奏十三处：双鹤斋，慎思修永，课农轩，文昌阁，魁星楼，春雨轩，杏花村，知过堂，紫碧山房，顺木天，庄严法界，鱼跃鸢飞，耕云堂。明、贵遵旨，著交样式房机密烫样进呈。"贵宝所奏之处，是圆明园浩劫留存的建筑，实际上不止这些。在样式雷遗存的画样中，有很多处都粘有"现存"二字，如《南路勤政殿图》之圆明园司房、吉祥所及《中路重修图》之敬事房等，还有园北部的一批建筑组群，都

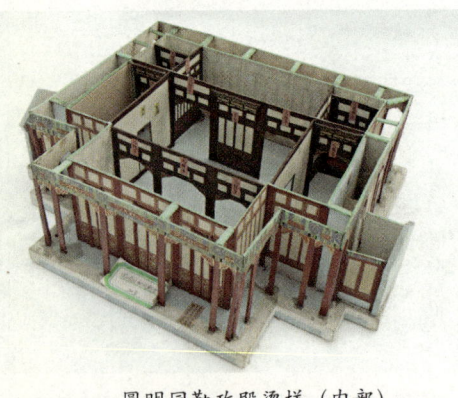

同治朝重修圆明园《旨议档》

圆明园勤政殿烫样（内部） 　　圆明园勤政殿烫样

是当时未毁的建筑。第二天，皇上"二起召见明、贵，著机密烫十三处样"。还特别强调："此十三处系密旨，派明、贵交样式房机密呈览。"雷氏档案又记载：堂夸兰达谕，著雷思起"十三日午点钟到宅，有紧要机密之事相商"，还是关于九洲清晏和同道堂装修的绘画图样问题。

由上述雷氏档案记载可知，重修圆明园是皇家一项极为重要的紧张而又机密的巨大工程。

第二，同治皇帝和慈禧太后直接指挥重修圆明园。

重修圆明园兴工后，从确定重修的规模和重点，筹措资金和建筑材料，建筑设计和装修样式，嘉奖赐爵和惩治罪犯等，同治皇帝都要与闻、决策并颁发谕旨。

他在一条上谕中说："前降旨，谕令总管内务府大臣将圆明园工程择要兴修，原以备两宫皇太后燕憩，用资颐养，而遂孝思。本年开工后,朕曾亲往阅看数次。"据《大清穆宗毅皇帝实录》载，在同治十三年（1874年）春夏之交，同治皇帝每月一次共4次亲临圆明园检查和督促重修工程：

第一次，三月二十日"甲寅，上幸圆明园。还宫"。

第二次，四月初九日"辛巳，上幸圆明园，诣文昌阁拈香。还宫"。

第三次，五月十一日"壬子，上幸圆明园。还宫"。

第四次，六月初三日"甲戌，上幸圆明园。还宫"。

关于同治皇帝三月十二日那次进园，样式雷《堂谕司谕档》也有记载："明、贵大人谕：著随同进园。皇上至安佑宫行礼后

圆明园慎德堂烫样

至中路,又至清夏堂、万春园、双鹤斋看样。召见明、贵大人。传膳。慎德堂后抱厦改二丈四尺,等处地盘清理渣土,又看七间殿。谕:院子小。又至紫碧山房,酉刻起銮,戌刻倚虹堂进城。"这一天,雷思起随同内务府官员陪伴皇上进园,皇上从园西北方的安佑宫,到东南方万春园的清夏堂,又返回经过福海西北岸的廓然大公和中路的慎德堂,再到园西北角的紫碧山房。沿途在现场审阅设计图样,评论方案得失,发出修改旨意。等起銮返回皇宫途经高梁桥倚虹堂行宫时,已经是黄昏时的戌刻了。

同治皇帝多次召见主持修建圆明园的内务府大臣明善、

圆明园廓然大公烫样

堂郎中贵宝和样式房掌案雷思起等人,审查画样,修改设计方案,督促建园进度。十二年十月三日,还没发布动工上谕,便降旨做准备工作。《旨意档》记载:"桂、明、贵奉旨带领样式房雷进圆明园、绮春园,恭查安佑宫、清夏斋、敷春堂、奉三无私中路,着赶紧限一月内进呈烫样。"工程还没上马,雷思起一班人便被皇上推到最紧张繁忙的岗位上,限一个月内把第一批施工的殿堂建筑图样呈给皇上审定。十一月初五日,孟总管巳刻面奉旨谕:著雷思起制作的各座殿堂的装修图样"要奇巧玲珑",后来还提出"要豁亮，要暖和"，对设计风格和形式美观提出了具体的很高的要求。十一月十一日又降旨："派明、贵查万春园，带同样式房雷思起于辰正到万春园等处查勘，添改各座丈尺，赶紧更改烫样呈览。"四月十八日，皇上又在养心殿前抱厦召见贵宝和雷思起，发出了一系列关于建园的谕旨。

同治皇帝重修圆明园最优先建设的重点工程，是奉祀祖先的安佑宫，皇帝上朝问政的正大光明殿、勤政殿，慈禧、慈安两太后的寝宫天地一家春和清夏斋。而慈禧太后的天地一家春殿更是重中之重。天地一家春原来是圆明园九洲清晏东路的一座宫殿，咸丰时是懿贵妃（即后来的慈禧太后）的寝宫，时被英法联军烧毁。此次重建，慈禧太后将建在原址的新殿宇赐名承恩宫，以示纪念。而在万春园昔日敷春堂故址新建一组建筑群，赐名天地一家春。地处万春园面积最为广阔的一片陆地，位于大宫门内迤北。据金勋先生撰《北平图书馆藏样式雷藏圆明园及内庭陵寝府第图籍总目》载明，仅北平图书馆即藏有样式雷为天地一家春制作的画样烫样31张之多。据这些平面图和立样可以看出：新设计的太后寝宫与原敷春堂相比较，有多处明显的改变。进万春园大宫门，经过迎晖殿和中和堂，再穿过一道假山，便是集禧堂。堂北为一座四卷殿，即天地一家春殿。东西辟二院，绕以游廊。往北临湖为澄光榭，偏东建看戏殿和戏台。寝宫东侧为凌虚阁、含远殿等。殿西北为蔚藻堂。还有朝房、敞厅、八角亭、值房、库房、照壁、码头、假山等建筑。这个总体设计是皇上、皇太后多次审样修改才确定下来的。样式房《旨意档》冬月（农历十一月）初八日记载：

圆明园天地一家春烫样

"召见崇、桂、明、贵,皇上御制天地一家春内檐装修样一分(份)。贵传旨:著将此烫样详细拟对丈尺,有无窒碍变通,赶紧再烫细样一分(份),俱要紫檀色,中卷进深碧纱橱安玻璃心,加二面天然四季花、荷花、竹子圆光窗,要天然海墁圆光形式……"这一件内檐装修图样为慈禧太后亲笔所绘,要求雷思起按御制画样修改原先设计。仅此一次谕旨,即提出了40多项具体修改设计的明确要求,包括"殿前檐大木上安横匾一块,写天地一家春"。

天地一家春的工程由天和局商人王家瑞、王程远承包。《内务府档》同治十三年(1874年)五月十四日,有《恭修天地一家春等工程暂领银两呈》一段文字记载:"据呈领天和局商人王家瑞、王程远,今领到蒙派恭修万春园天地一家春殿宇、房间等处工程应备各项物料,以及清理地盘,第三次暂领银壹万伍千两。并无低潮短平,所具领呈是实。具呈领:天和局商人王家瑞、王程远。"这已是天和局第三次暂领银两了,说明这项最先开工的工程清理房基和采购建筑材料的工作进展很快,抓得很紧。但是工程被迫半途停工,慈禧太后也没能在新建的天地一家春度过她的40大寿。

第三,样式房的工匠和样式雷的差务。

同治十二年(1873年)重修圆明园时,样式房共有画样烫样工匠16名。雷氏档案中有雷思起禀文向内务府堂提交的样式房工匠名单。禀文全文如下：

谨禀烫画样人现在数目：掌案头目人雷思起、雷廷昌，散众当差人郭成名、白廷堃、李文升、雷思森、郭成治、雷思耀、沈钧、雷廷芳、李英、（雷）廷栋、白耀恒、白耀璞、李俊、罗荣，以上共十六名。

另在《堂谕司谕档》同治十三年（1874年）七月初一日记载，内务府堂拨给烫画样人放给津贴和增添饭食银两的名单，人数也是16名，只是上述名单中的白廷堃、李文升和雷思森换成了白廷蕉、李文强和郭琏，也可能是人员有所调整。从名单可以看出：雷家是样式房的主力，不仅两位掌案头目人是第六代和第七代样式雷思起、廷昌父子，思起的胞弟思森、侄廷芳，还有同族旁支的堂兄思耀及其子廷栋。另外3家也是各有3人，即被廷昌呼为白六伯的白廷蕉（堃）及其子辈耀恒、耀璞，被廷昌呼为郭六伯的郭成名、成治兄弟及郭琏，被廷昌呼为李三的李英、李俊、李文升一家，以及沈二叔沈钧及罗荣。雷家是样式房的权威，不仅是几代相传的建筑世家，在建筑技艺上高人一筹，而且在人员的地位和数量上也占有绝对的优势。雷家与散众当差人关系相处融洽，合作得很协调。

样式房并非任何时候都是16位工匠。如十一月初四日皇上召见明善、贵宝等人时，降旨圆明园"中路烫样过二十日呈览"，回奏"现在烫画样人不足十名，此次之样式系昼夜赶办，实在赶不及"。皇上也只好"允准"暂缓呈览。

皇上、皇太后和内务府大臣、堂郎中向样式房下达差务，都是直接找掌案雷思起，思起若有病或不在样式房，则由廷昌应差。进园踏勘或办事，也是掌案头目人前往。但有时也带烫画样人进园。如同治十三年（1874年）三月初一日《堂谕司谕档》记载"郭、李、李、白、雷、雷下园查各处他坦"，即由思起父子同散众当差人同进万春园实地查勘，然后制作画样以备呈览的。

内务府对样式房的工匠有奖惩办法。同治十二年（1873年）十一月二十六日，皇上召见明善和贵宝，降旨"贵赏内务府大臣衔，雷思起赏二品顶戴，雷廷昌赏三品顶戴"。这三人都因为重修圆明园有功赏赐官爵。二品已属高官，是内务府大臣和侍郎的品级。这是七代样式雷世家获得的最高品级，反映这个200多年的建筑世家在同治年间达到了事业和荣耀的顶峰。

同治十三年（1874年）七月初一日，内务府发布特谕，向样式房16名成员放给津贴和添给饭食银两。此日《堂谕司谕档》记载："奉贵大人谕，堂批，自本年七月初一日起，每月由内务府堂上拨给，奏明归工一成余银内由圆明园堂档房领，放给津贴烫画样人、掌案头目人二分（份），二十两；散众当差人八分（份），四十八两。共放六十八两……拟准工饭食名数分别开单呈堂，阅看后交堂档房存案，俟筹款有项再行添给照例公费饭食纸张银两。"发放这每月津贴和饭费补贴68两，还有三条原则：一是"开工放，止工停"，即限于此次工程出勤才有；二是"著掌案头目人雷思起自行秉公酌量添给当差勤奋之人"，即除去思起父子各领津贴6两、饭补4两共20两外，其余48两，要由思起根据考勤情况分等级发给各位工匠；三是"经此次定准后尔等如有差使迟误，或另有私事滑懒之人，一经查出即行撤去工食"，即对表现不好的人要停发津贴。思起按技术水平和工作表现，分等级发给个人津贴。最高的是郭成名、白廷蕉二人，各津贴4两、饭补2两；其次是沈钧、李英各津贴2两、饭补2两；最少的是罗荣津贴1两、饭补1两。此项奖励分配办法"交堂档房存案"。

第六代样式雷——雷思起，在同治年间重修圆明园的工程中，都承担哪些具体的差务呢？

参与重修工程，对样式雷来说，是一个难得的施展祖传建筑技艺的大好时机，也是报效国家的机遇，当然也是挣钱发家的良机。雷思起非常珍惜这个机会。他在日记中有为承修工程事回夸兰达的话："万不做负心人，也不想之发财，实因前辈办过各座装修，现在恭遇皇上重修圆明园各等处工程，蒙夸兰达栽培，实因声名脸面接成楠木作旧路，自当尽心竭力当差。"他向内务府明确表态，感谢给他效力的机会，决心尽心竭力做好样式房的差务。

样式房丰富的图文档案资料，记录了大量的雷思起入园实地踏勘、进行建筑设计、制作画样烫样、反复修改设计方案、与算房联合勘估规划及预算、监督和指导承包厂家施工等多方面的具体工作，显示了样式雷在此巨大的皇家工程中的不可替代的作用。皇上降旨，要雷思起进园勘察当时遗存的13处建筑，限期呈交烫样，又要求速将优先建筑之重点工程的烫样呈览，并几十次提出修改设计方案。雷思起带领样式房工匠，在几个月内制作成无数张画样和烫样。仅北平图书馆保存的样式雷设计的圆明园建筑图样即有8000余份（据金勋《北平图书馆藏样式雷藏圆明园及内庭陵寝府第图籍总目》所列图样数目做的统计。其中有少量咸丰和光绪年间的画样）。图样中有全图、宫殿组群、单体建筑、桥梁、大墙等的草图、画样、立样等多种形式的建筑设计方案和修改样稿。这成千上万的张张画稿都融进了样式雷的智慧、心血与汗水。由样式雷制作的烫样，用毕必须交样式房保存，以备后用。《堂谕司谕档》同治十三年（1874年）八月初一日记载："堂郎中谕：将各路烫样均令交回，交样式房雷思起手收存，以备将来兴修时查核办理，务当经心晾晒，不可损坏。"正因为那么多烫样都收归样式房统一保存管理，才使这些文物得以保存下来。

　　重修圆明园的工程，分为正大光明殿、安佑宫、天地一家春、清夏堂等6大项，分别由兴隆木厂、天利木厂、义成厂等6家进行包工承造。所谓承包，只限于工价与附属杂项材料，其主要建筑材料则由官家统一供应。而各大殿座内部装修，依例由楠木作雷氏承造。同治十二年（1873年）十二月十三日，"奉贵堂夸兰达谕：圆明园、清夏堂、万春园各殿内檐装修著派雷思起承办"。"贵又谕，各殿座装修著雷思起办，其余小座装修交各处随工自办"。后边还列举了由雷思起承办的20余处圆明三园重修的主要殿堂名单。修建装修殿堂和制作家具，需要大量的柏木、楠木以及花梨、紫檀、橄榄榆等贵重木料，贵宝传谕"著雷思起自为采买"。雷思起还向贵宝报告过"采办京西北楠木细情"。雷思起的楠木作承修工程中的木材购买和装修，以及贵重木质家具的制作，这不仅是建园工程的重要组成部分，还是赚钱发财的机会。

圆明园同乐园戏楼烫样

圆明园同乐园戏楼分层地盘画样

圆明园同乐园戏楼立样

雷思起在重修工程中承担着重要的差务，繁忙而又紧张，他同时还担负着修建皇帝、后妃陵寝和三海工程的设计任务。同治十二年（1873年）十二月十八日，贵宝就圆明园内檐装修事谕雷思起："你著派亲信妥人照料，如有烫样差务多应日期，好容你上陵两边均不可误也。"建园修陵都是皇上交下的差事，两头兼顾，不可耽误。同治十三年（1874年）九月初二日雷思起正在皇陵应差，内务府堂上派人来雷家通知为圆明园去搭烫样，"家内对他（指来人）说：现在爷三人全上陵了，无人去搭"。（摘自雷思泰致三兄思起的家信）实际上与此同时雷思起还奉旨为皇城三海承担着制作画样烫样的任务。样式房就有"查画南海，查画北海，著烫样呈进御览"的档案记载。雷思起确实是皇家宫殿、陵寝和园林建筑的总设计师，哪一处重要的工程也离不开他。

同治年间重修圆明园是在国势衰微、内帑支绌的困难情况下进行的。工部和内务府可投入的款项非常有限。同治皇帝命王公以下大小官员量力报效捐修，总共才筹措到23万余两。加上各种进项全部收入仅达40万两。对巨大的重修工程来说，这只是杯水车薪。再一个困难是缺乏木料。将京西皇家园林中塌倒的宫殿旧木料统统拆卸下来，尚不足工程所需的十分之一。清廷又下令中南各省每省采办大件木料3000件，还招商前往出产木材各地设法采买。此时出现了一名广东无赖李光昭，打着为圆明园工程收购木材的旗号，进行欺诈、骗款自肥的严重事件。清廷将李光昭处死，并将收受贿赂引荐李光昭使其骗取"圆明园工程监督"名衔的内务府大臣贵宝等官员革职。

在重修圆明园工程进展缓慢的情况下，各级官吏请求缓修、停修的奏折不断送到朝廷。恭亲王奕䜣、醇亲王奕譞、大学士文祥等10余名亲信重臣，联名上奏，请求停修。同治皇帝被迫于十三年七月二十九日（1874年9月9日）发布上谕："所有圆明园一切工程，均著即行停止。"

此次重修工程历时将近一年，总共支出工程费48万余两。圆明园大宫门、出入贤良门、勤政殿、圆明园殿、同顺堂、安佑宫宫门、蔚藻堂、明春门等基本完工；天地一家春、清夏堂、承恩堂、奉三无私殿等，只完成了基础或修好了台基；其他殿堂除清理渣土或供梁外，基本尚未动工。慈禧太后在新建的天地一家春欢度40寿辰的幻想破灭了。这是清廷的又一次失败的记录。

但是，历史给我们留下了数千张（件）样式雷为重修圆明园所制作的建筑画样和烫样，还有一批样式房的文字档案史料。这是我国古代造园艺术和样式雷高超的建筑技艺的实证，是先人遗留下来的珍贵文化遗产，我国现代建筑学家自豪地称之为罕见的"国宝"。

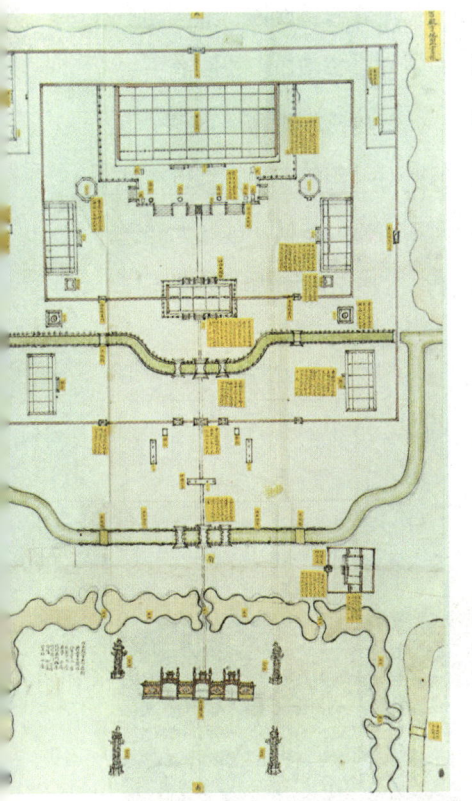

圆明园安佑宫地盘画样

样式雷修三海二三事

三海，即北海、中海、南海，古称西苑、太液池，是紫禁城皇宫西侧的一座皇家园林。本文记述的是第六、第七代样式雷——雷思起、雷廷昌，在清代同治、光绪年间修建西苑三海的几件史实。

同治年间，慈禧太后、同治皇帝母子重修圆明园，遭到朝野人士的极力反对，恭亲王奕䜣、醇亲王奕譞等重臣，于同治十三年（1874年）七月十八日联名呈上《奏请停修圆明园折》，请求"将园工即行停止"，并提出修建三海的建议："臣等窃拟三海近在宫掖，亦系列圣所创垂，稍加修葺，何不可愉悦圣情，或量为变通门禁，以便有时敬请皇太后銮舆驻跸。"迫于财力支绌和群臣反

北海

对，同治皇帝于当月二十九日发出《圆明园工程即行停止并查勘酌度修葺三海》的上谕，指明："因念三海近在宫掖，殿宇完固，量加修理，工作不致过繁。着该管大臣查勘三海地方，酌度情形，将如何修葺之处奏请办理。"10天后，又传旨：将北海漪澜堂和画舫斋的殿宇廊檐酌加修葺，油饰见新，请慈安、慈禧两太后分别驻跸；"再酌将勤政殿、春耦斋、遐瞩楼等处（按皆在中南海）一并油饰见新，以为朕办事、召见、引见驻跸之所"。

此谕旨一下传，重修圆明园的工程立即停止，修葺三海殿宇的工程随即上马。以雷思起、雷廷昌为掌案头目人的样式房，工作重点也转移到三海来。八月十一日即建立了《三海等处殿宇房间数目尺寸》专簿，全面清查记录三海各座殿宇的现状及待修项目。如《南海瀛台殿宇各座尺寸》中，首先查清了瀛台的建筑现状："南海瀛台原旧有殿宇共大小房九十九间，楼上下一百二十二间，游廊七十九间，亭子四座，海神庙一座，石券桥一座，木板桥一座，木影壁二座，井二眼。"对瀛台各单体建筑的尺寸，都经详细丈量记载，如："湛虚楼一座三间，面宽一丈一尺三寸，二次间各面宽六尺二寸，进深一丈二尺，周围廊各深四尺，下檐柱高八尺三寸，上檐柱高七尺，下出二尺四寸。"此外，对春明楼、香扆殿、涵元殿、绮思楼、藻韵楼、补桐树屋、待月轩、翔鸾阁、景星殿、庆云殿、祥辉楼、瑞曜楼、长春书屋、荫清斋、迎薰亭、镜光亭、牣鱼亭、八音克谐亭，以及随安室、朝房、值房、顺山转角房、游廊等，都标明了间数和尺寸。在清查三海旧房的基础上，确定了维修和新建的项目，然后由样式雷绘制画样和烫样，呈太后和皇帝御览诏准后，即全面进行物资准备工作，开工修建。

在修葺三海工程中，殿宇的装修和各类木器的制作和修饰是一项重要的工作，此项任务由样式房承担。根据应承的差务，雷思起制定了《南北海承做装修单》，逐项列明工程任务，仔细记述各类贵重木料的来源。如"北海镜清斋一处内檐装修"；"南海惇叙殿……所有各殿添安装修并新建各殿座随侍房各座装修、床铺、隔断、门口俱归办装修承做"；"……澄怀堂、遐瞩楼、庆颐轩、春耦斋俱楠柏木装修"等等。在同治十三年（1874年）十一月初八日新建立的《钦工木作做家具记工》专册中，把各座殿宇的每一项工程和活计具体地开列清楚。此外还列举了旧有贵重木料的来源："长春园东长街现存楠木根件；万春园宫门外现楠柏木、桫木根件抵用；静明园已报坍塌现经卸存楠柏木根件；西华门外器皿库现存武英殿经火楠木根件，俱挑选抵用。"

关于贵重木料和所需各类物资，皆由雷思起全力筹措，或到市场购买，或选用皇家宫殿园林拆卸的旧料，或到天津选购运京，以供紧急应用。通过阅读样式雷在《堂司谕重修三海工程册》中抄录的各项文件资料，我们了解到雷思起挑选、购买、运输所需贵重木料的详细经过及历经的艰难。为了从造办处领取200斤象牙和800斤白檀，雷思起几次请示，才领取了奉宸苑、总管内务府会同工程处开具的分别致御史衙门和景运门档房的知会文书，将物资运回。从静明园和万春园领取旧木料，手续更加繁杂，运输也是个大问题。雷思起所持的领料文书如下：

奉宸苑、总管内务府会同工程处为领取事。本工现在恭修三海各殿内檐装修，应用楠木楗木等件。前经奏明由静明园、万春园拨归本工应用。前经行知在案，相应出具印领，派出雷思起赴园承领。谨将应用木植根件粘连清单，希静明园、万春园查照发给可也。为此具领。

同治十三年十二月　日

计　开

静明园现存拆卸牌楼柱额枋等三十二件，内：柱子四根，楠木额枋九件，灯楼柱子十根，楠木小枋子五件，松木牌楼柱三根，钱木一根。外有坍塌堆存板片未丈量尺寸十二件。

以上木植间有糟朽劈裂透眼之处，挑选使用。

计　开

万春园东路三山领到楠木、楗木，内：楠木额枋十件，楗木额枋一件，楠木柱子一件，楗木柱子一件，柏木柱子三件。

以上木植间有糟朽劈裂透眼之处，挑选使用。

雷思起持此文书，可以从西郊的静明园和万春园领取这48件贵重旧木料。但要运回三海工地，还要由奉宸苑知照九门提督衙门转饬驻在海淀的巡捕中营副将署并西直门门领，由所属圆明园汛、清漪园汛、畅春园汛、乐善园汛，在所领楠柏木植经过各汛地面时，必须派兵护送，以保安全运输。

雷思起从天津购买运输木料一事，经历了更大的艰难和曲折。因为皇帝和太后急于移驻新宫，内务府要求必须在第二年春天动工修建，还"屡次严催今冬备料，迅速成做，明春无误要工"。如果等修工专款拨下以后再购办木料，临期必致贻误。内务府总管大臣景寿暂行筹拨银一万两，即饬承修人雷思起急赴天津采购木植，并于同治十三年（1874年）十一月发给免税执照。执照全文如下：

奉宸苑、总管内务府会同承办工程处，为发给执照事。前因恭修三海等处各殿座一切内檐装修，均经烫样呈览，并奉旨交出装修样式硬木成做妥协预备等因。现经承办装修商人雷思起，赴津购办其所办木植，经本工奏准免税，业已粘连勔件清单，咨行在案。今将应办木色勔件各数另造细册，随同执照该商收执。俟办运进京，沿途经过各关以及厘局等处，免收木税，查验放行，勿稍阻滞。一俟到工，将照缴销可也。须至执照者。

同治十三年十一月十四日
右仰商人雷思起收执

雷思起持此执照，三次赴津，共采购花梨板41块、花梨大枋一件、柏木桅一根、柏木20件、楸木6件、椴木5件等，重达五六万斤。思起雇用设在观音寺的龙聚木厂车脚，分别于十一月二十五日、二十七日、二十八日运回京城，存放在中海东岸的蕉园门外。每次运回木植都列出清单，上报内务府，并由奉宸苑官员当面验收。看来修葺三海工程的准备工作进行得还算顺利。

天有不测风云。十二月初五日，同治皇帝驾崩。慈安、慈禧两太后于初八日颁发懿旨："所有三海地方一切工程，无论已修未修，均著即行停止。"这可急坏了雷思起，因为在天津购买的剩余部分木材，如杉木、楸椴木、果松等尚未运回北京。他便派人去天津察看，或可在当地变卖，因为若运回京城还要多花一千两车脚银。岂料这些剩余木材已被税关扣押，要求纳税，并抄来工部咨文："查商人雷思起购办一切木植，请免纳木税一案。前经本部以京师承办坛庙及各项工程甚多，并无请免木税成案，是以未便据准。业经行令该商将所办各项木植，赴关报验，照例较课在案。"此时，思起为购买木植，雇用车脚和人工，已经用银一万余两，如再交纳木税，亏空会更大，而三海工程已停，不会继续增拨款项，这些损失要由自己设法弥补。他便紧急向内务府申报，请求与工部协商全免木税。

另外，根据雷思起的申报，核准将蕉园门外积存木植，交由造办处营造司保管储存，以备将来应用。

购木之事未了，醇亲王奕谭又指派雷思起速做准备，于一月初到东西陵为刚去世的同治皇帝修建陵寝。他紧急向奉宸苑掌稿呈上一信："彭二老爷台前：……年内醇王爷来谕，派思起于正月初八日起程，前往东西陵查勘地势绘图之差。接阅之下实在无法，不敢推诿。则运木之事未完，无人了理。惟求二老爷施恩，代为设法，四五日内回明额驸（按即内务府大臣景寿）早做主早办清，或免或交（税），请示遵行。"

在修葺三海的急愁劳累和寻址建陵的辛苦奔波之中，年已半百的雷思起的身体健康受到严重损害，于光绪二年（1876年）因劳瘁去世。

雷廷昌作为样式房的掌案人，始终跟随着父亲雷思起，在修建圆明园、三海和东西陵的工程中辛勤劳作。当光绪十一年（1885年），慈禧太后在"撤帘归政"之前再次动工修建三海园林时，廷昌便成为设计施工的主要人物。他带领样式房的工匠，绘制出大量的画样和烫样，为全面施工做好了充分的准备。现在这些建筑图样仍然较好地保存着，如丰泽园全部地盘平样、中海各殿宇地盘图、中海海晏堂全部地盘平样、仪鸾殿地盘装修图样、三海水道粗底，以及三海烫样存案册，三海内水道查工丈尺册等。这些全是光绪年间的绘本和抄本，是样式雷修葺三海的真实记录。

光绪年间这次修三海工程，除修葺油饰原有建筑并制作各类木器陈设外，一项最大的工程便是为慈禧太后修建仪鸾殿。仪鸾殿位于中海西岸，丰泽园东北、紫光阁以南的昔日乾隆皇帝的阅射场地。根据保存至今的样式雷《中海仪鸾殿全部地盘图》画样，可以清楚地知道此殿的规模和布局：全部建筑以仪鸾殿为中心，正殿是慈禧太后召见大臣、处理公务、召开御前会议的地方。5间宽阔的宫门有2间进深，宫门前为海墁大院，院南为大型砖雕影壁。宫门内东西两侧有值房各3间，供太监和宫女居住。院正中甬路通向寿光门。进门北面正殿为面阔5间、进深5间的仪鸾殿，前廊后厦，东西配殿各5间，院周围有数十间游廊相连。正殿后为面阔5间、进深3间的福昌殿，东西配殿各5间，各殿有转角游廊连接。福昌殿后有15间上下两层的后照楼，前出抱厦，东西配殿各3间。仪鸾殿东西两侧各有4座小院。东侧4座四合院为寿膳房、寿茶房、寿药房；西侧4座各由正房和东西配房构成，由南而北为庆云堂、日祉斋、含秀轩、清华堂。后照楼北边通过屏门为面阔5间的喜福堂，东西配殿各3间，院内转角游廊相连。喜福堂后还有两进院落，其东西两侧各有3座跨院。

这幅《中海仪鸾殿全部地盘图》光绪年间彩绘本，是样式雷向太后和皇帝恭呈御览的原作。画样四周标明东西南北方位。殿东侧的中海染成蓝色，园内的土山为黄色，殿四周的大墙和院中甬路也涂成蓝色。三座大殿位置名称用墨笔书写的黄色纸帖注明，其他房屋名称则用红色纸帖书写。这是一幅修建仪鸾殿的宝贵蓝图。

经过3年修建，仪鸾殿于光绪十四年（1888年）四月竣工。慈禧太后正式迁入居住后，在此召见群臣，操纵朝政。特别是戊戌政变后光绪皇帝被囚禁于瀛台，慈禧复出"训政"，仪鸾殿更成为清廷实际的政治中心。光绪二十六年（1900年）八国联军侵入北京，慈禧西逃，八国联军统帅、德国陆军元帅瓦德西进驻仪鸾殿。第二年四月十九日深夜，仪鸾殿突然起火，化为灰烬。瓦德西仓皇逃逸。慈禧返京后，重建此殿，更名佛照楼。辛亥革命后，袁世凯执政时在此办理公务，并改名为怀仁堂。中华人民共和国成立后，这里成了中央政府的办公地址。

雷廷昌在光绪十一年（1885年）修三海时，还将北海镜清斋修筑扩建。至今仍然保存着样式雷丈量镜清斋建筑情况的记录："镜清斋一座五间，明间面宽一丈三尺，四次间各面宽一丈二尺，进深二丈。前后廊各深四尺一寸。后抱厦三间，进深一丈零二寸。檐柱高一丈二尺五寸，台明高二尺，下出三尺二寸。"镜清斋是一座位于北海北岸的自成格局的庭院，被人誉为"我国北方庭院园林的精华"，创建于乾隆二十二年（1757年）。样式雷在园西北山石顶端设计新建了一座叠翠楼，使之成为全院的最高点景。

它高踞于丛岭之巅，5 间 2 层，巍峨壮观。登临叠翠楼，可环视和领略院内的镜清斋、抱素书屋、沁泉廊、枕峦亭等精巧建筑和流泉峰石的诗情画意，还能眺望太液秋波、琼岛春阴等驰名幽美景色。慈禧太后每年夏天都要从仪鸾殿乘轻便小火车到镜清斋来避暑，为此，还从中海的紫光阁到镜清斋修建了一条 3 华里长的小铁路。

八国联军侵入北京时，镜清斋成为日本侵略军的司令部驻地，横遭践踏和破坏。

光绪十一年（1885 年）重新修建的西苑三海，成为慈禧太后常驻之所。后来，被英法联军焚毁劫掠的清漪园，经过样式雷等工匠重新设计修建并更名颐和园后，慈禧太后便移居北京西郊这座真山真水的皇家园林了。

铁一样的史实说明，圆明园、西苑三海、颐和园等每一座清代皇家园林，都留下了几代样式雷辛勤劳作的痕迹，凝聚着这个清代著名的建筑世家祖祖辈辈的崇高智慧和心血。那一座座妙似天成的精美建筑和园林，就是记载样式雷丰功伟绩的人工纪念碑。

样式雷与北京西郊水利

几代样式雷为清代修建西郊的皇家园林做出了杰出的贡献，他们也为西郊的水利事业做了很多工作。国家图书馆善本特藏部收藏的一批样式雷图文遗存，清楚地记录了第六、第七代样式雷——雷思起、雷廷昌父子，在清代晚期的同治、光绪年间，踏遍西郊的山地和平原，实地勘察河道湖渠的残破毁坏情况，制订清理、开挖和修筑工程规划，使河道畅通，山洪得以排泄，改善了水利条件，一定程度上满足了灌田和京城用水的需要。样式雷为北京的城市建设做出了很大贡献。

乾隆以后北京西郊的河湖水道概况

西郊的水，是北京建城的依据和城市生存的命脉。西郊的水，是北京城用水的唯一来源。元代郭守敬开凿通惠河，将昌平白浮泉水引到昆明湖，会合香山、玉泉及西山诸泉，解决了京城用水需要和漕运问题。明代白浮堰毁弃后，又用金水河和长河将玉泉诸水引入京城。到了清代，由于海淀一带皇家园林的不断开辟和大规模建设，用水需要大量增加，于是乾隆年间在西郊进行了一系列挖湖浚河、兴修水利的巨大工程。

乾隆帝主持的西郊水利工程主要有：挖掘扩展瓮山泊、疏浚长河和万泉河，开掘和疏通南旱河和北旱河，同时扩展玉渊潭，修建引水石槽，以及扩大稻田并解决其灌溉问题。

乾隆十四年（1749年）冬，将瓮山泊向东、南、西三个方向扩展，湖面扩大一倍，周长达到15公里。为保障东堤外畅春园及村镇的安全，使长河通畅南流，加高修筑了一道坚固的三合土东堤，环湖北东两面用方整的条石砌成泊岸。同时在湖西北角和东岸，修筑了青龙桥闸和二龙闸，以控制泄水防洪和排水灌田。这样，就将昆明湖建成了一个能蓄能排的大水库。

与此同时，还在昆明湖与玉泉山之间开挖修建成高水湖和养水湖，可以蓄泄西山和玉泉山的泉水和洪水，起到附属水库的作用。

为了将昆明湖水通畅地输进京城，在乾隆十六年（1751年）对长河进行了大规模的整治工程。在绣漪桥至长春桥一段河道东岸，修建了三合土堤坝，以防止河水东泄。在全线清挖河底、疏通河道的同时，还对广源闸至白石桥一段，拓宽河道，加固堤岸。在倚虹堂、万寿寺等处修造了泊船码头，使长河流水通畅，还成为供皇帝行船和游览的水上御道。

乾隆二十九年（1764年），对发源于巴沟低地的万泉河进行治理。使这条长达十七里的小河，流经一连串的御园，顺畅地流入清河。

乾隆三十六年（1771年）夏，西山洪水淹没大片田地。皇帝降旨疏通从香山至青龙桥通向清河的东北泄水河，即北旱河。又开挖了从四王府至玉渊潭的东南泄水河，即香山引河，又称南旱河。这两条泄洪河能将西山洪水顺畅地排泄到清河和通惠河。

为了开辟水源，增大昆明湖的蓄水量，乾隆年间还修建了从西山到玉泉山的引水石槽。一条从樱桃沟斜向东南，出谷口穿过卧佛寺通向四王府村南的分水龙王庙（即广润庙）内的石砌水池，是为北股。南股是从碧云寺水泉院开始，东南流入香山静宜园内勤政殿前的月河，汇合南来的双井泉水，再往东流入广润庙水池。

二水汇合后,再经过普通寺、香露寺和妙喜寺,往东流进玉泉山静明园。

乾隆年间疏浚开挖形成的河湖水道格局,充分利用了西郊山地泉和平地泉丰沛的水源,较好地满足了西郊和京城用水的需要,又妥善解决了山洪的疏导排泄问题。这种格局,一直延续到清末民初。

乾隆年间的这些水利工程,样式雷很可能参与了勘查、设计和施工。但我没有找到有关的画样和文字资料,我的这种猜想没有得到证明。

样式雷关于西郊水利的图文史料遗存

在国家图书馆善本部收藏的样式雷关于北京西郊水利的图文史料中,我搜寻到五十多件(册、幅)。其中大部分为样式雷用毛笔手书的工程本册,如《樱桃沟至静明园水道抄平丈尺册》《西山卧佛寺樱桃沟修理水道做法册》《松林闸等处挖河工程册》《卧佛寺至四王府旱河工程册》等。这些本册详细记录了被毁河道和石槽淤塞或被冲毁的现状、修缮工程项目的建议、水利工程的施工情况等,比较全面地反映了工程的全貌。还有一部分是施工过程中形成的画样、图样。如《西直门至万寿山河道及石路图》《颐和园后山挖河丈尺平样》《倚虹堂清挖河泡船道图》《万寿山西宫门外开挖引河图》《昆明湖内开挖船道地盘图》等。这些图样大多标注着长短丈尺,作为施工的依据或参考。

关于样式雷这些图文册页制作或书写的年代，即这些水利工程施工的年代，国图舆图组制作的目录卡片上，分别标明"同治年抄本"或"光绪年抄本"。据国图工作人员讲，这些年代注明是请一位专家研读鉴定后写上去的。我经过仔细翻阅这些资料后，认定同治年间的这次水利工程，范围广、工作量大，在同治六年（1867年）和七年（1868年）用了一年多的时间。从同治六年正月开始调查河道现状，三月初正式开工，到同治七年三月十八日至四月十一日，对施工情况进行检查验收，查工情况被记录在《卧佛寺樱桃沟修理水源册》中。

光绪年间样式雷的水利工程簿册和图样史料上，没有一件注明具体的施工年月。我认为，光绪年间北京西郊兴修水利的时间，应在修建颐和园这段时间，即在光绪十二年到光绪二十年（1886—1894）之间。我判断的根据是：

样式雷颐和园图文史料

第一，在样式雷《万寿山西宫门外开挖引河图》上，在"大船坞"的东边，明确标注着"南学堂"和"北学堂"字样。这是建设在清漪园耕织图原址上的海军水操学堂。水操学堂的开学典礼与排云殿的供梁仪式，同在光绪十二年十二月举行。足以证明，开挖引河是在水操学堂建成之后，即在光绪十二年之后。

第二，样式雷西郊水利画样中，有几张是修建疏浚昆明湖和后溪河的，如《昆明湖内开挖船道地盘样》《万寿山后河桶泊岸码头桥等工丈尺做法册》等。这些都属于修建颐和园整个工程之内，同时又属于西郊水利工程的一部分。可见这两项工程是同时进行的。

第三，样式雷水利资料上记载，香山下的河道、堤岸和水利设施，有很多被洪水冲毁坍塌及淤塞等情况。说明施工的前一年或前几年，曾经连降大雨以致山洪暴发，水涝成灾。据中央气象局和北京大学编著的《华北东北近五百年旱涝史料》中"北京市部分"的记载："光绪十一年六月以后节次大雨，又兼山水盛涨，浸溢民堤，直隶地方洼田被淹。"光绪十二年"顺直各属本年被水灾区既广且重"。正是连年大雨，山洪冲毁水利设施，才决定实施这次西郊水利工程。施工年代当在光绪十二年以后，修建颐和园这段时间里。那么，样式雷这些"光绪年抄本"也同是在此期间书写或绘制形成的。

清代同治、光绪年间的这些样式雷水利工程史料，是哪一代样式雷制作的？即谁主持了这些水利工程？我认为：主要是第七代样式雷——雷廷昌，是西郊水利工程的设计者和参与指导施工的人。

生活在同治、光绪时代的样式雷传人是第五、第六、第七代样式雷——雷景修、雷思起、雷廷昌。雷景修已于同治五年（1866年）十月病逝，不可能参与其事。雷思起也同时患病，还要主持办理父亲的丧事。雷氏祖坟上的"雷景修墓碑"及其先祖"雷家玺及妻张氏德政碑"，都是雷思起亲自操持，于"大清同治六年岁次丁卯正月初七日"敬立的。而西郊水利工程正是在同治六年正月开始进行实施踏勘，做施工前的准备工作的。在思起无暇顾及的情况下，便主要由年轻力壮的雷廷昌来主持进行了。

光绪十二年（1886年）的水利工程也是由雷廷昌主持的。因为雷思起已于光绪二年（1876年）去世。

这可以使我们得出结论：清代同治、光绪年间的样式雷西郊水利图文史料，大多是出自雷廷昌之手。

同治年间北京西郊的几项水利工程

同治六年（1867年）兴修的西郊水利工程，统称"添修并拆修水沟和挑挖河泡淤浅"工程，主要项目是整修从香山和樱桃沟到玉泉山的引水石槽，清挖北旱河和南旱河的淤泥，使西山泉水通畅地流入京城。

整修引水石槽的工程主要有三项：

第一项是从樱桃沟到四王府分水龙王庙（广润庙）的引水工程。

乾隆年间修建的这段引水石槽，从樱桃沟水源头起，穿过五华寺和隆教寺前，在观音阁大盘石下南折，沿卧佛寺殿堂院与行宫院中间南下，横过天王殿前至东路方丈院出卧佛寺，东南行绕过正白旗营房，到达四王府村南广润庙的石砌方池。从水源头到五华寺前石碣，在山谷水沟之侧，修建了陶瓦管道；南折至卧佛寺，是就山石凿成石槽并覆以石瓦而成为地下暗渠；由卧佛寺至广润庙，为用豆渣石凿制的石槽连接砌成的明渠，渠上也用石瓦覆盖。

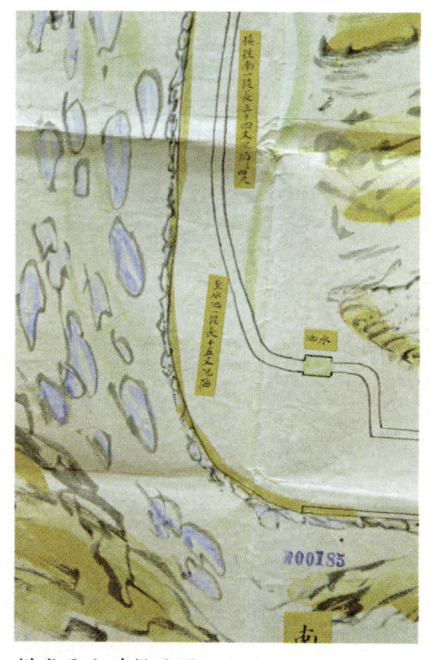

样式雷水沟做法图

雷廷昌从同治六年年初即开始了艰苦的实地勘察工作，制定了一项项具体的工程任务。经上级批准后，分段承包给厂商。这次全部工程分段承包给了通和、德和、祥茂、恒和四个厂家，在三月初十日正式破土开工。

这段添修拆修水槽工程，由恒和、通和、祥茂三家分别承包施工。第一段"樱桃沟自志在山水来源石上松起，往东转南至五华寺石碣下潭渊，长一百零六丈五尺"，由恒和厂施工。恒和完成了以下工作量："清理阻滞水路烂石。下游水畅处添修水簸箕

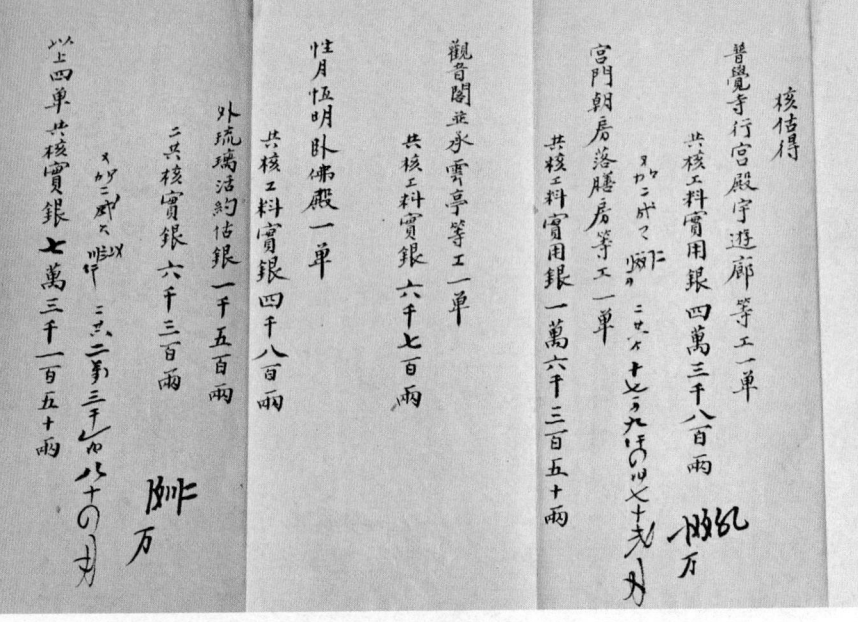

样式雷修缮卧佛寺实用工料钱粮单

……座,长五尺,宽六尺。接修引水石沟,长九丈。包砌山石埋头沟帮泊岸,均地脚筑打大夯灰土二步。"紧接下去的一段,由五华寺石碣下往南转东至卧佛寺牌楼前,水槽长三百一十九丈二尺。恒和厂又做了以下工作:折安沟盖,添新六成;沟底石料添新三成;拆砌泊岸八段,共长七十丈;开刨泄水沟一段,长一丈五尺,宽一丈,均深四尺;将暗沟疏通掏挖干净。

第二段由卧佛牌楼至正白旗营房门二孔涵洞止,由通和厂承包。除拆砌沟帮等必做工程外,还要将三百四十九丈二尺长的石槽全部拆修完毕,"拆安沟盖添新四成;沟底添新二成"。

第三段由正白旗营房门往东转南至广润庙内,由祥茂厂承包。除拆修三百丈零二尺水沟,更新豆渣石沟底和沟盖外,还要拆砌四段泊岸墙基,共长二十丈;随水沟切刨土山,长二十五丈、高二丈至五丈不等。

第二项工程是由碧云寺至静宜园宫门外月河,汇合由双井引来的泉水,再到广润庙的引水工程。

香山这南北两道引水石槽也是乾隆年间修筑的。北支由碧云寺水泉院引来,水泉院前为行宫院,建有涵碧斋和洗心亭,往西为试泉悦性山房。房西岩壁上涌出清澈的卓锡泉,泉水导入石渠,绕过香积橱,经螭口流注于大殿前石桥下放生池。再东南流,穿过碧云寺南墙和静宜园北墙,流进正凝堂(即见心斋)水池,再经致远斋和勤政殿月河,流到园门外月牙河。南支双井泉汇入玉乳泉向东北流入知乐濠,再由清音亭过带水屏山(即今静翠湖),绕到园门外月牙河。由静宜园宫门至广润庙的地势较为复杂,只能就高垫低,垒起一道矮墙,将石槽置于墙顶,将泉水引到四王府。

雷廷昌经过调查研究,将香山至广润庙的引水石槽工程分为三段,每段都由四

香山静宜园地盘画样全图

家厂商联合分工承包，范围明确，任务落实。

第一段由双井起至宫门月牙河止，引水石槽长二百四十丈，四个厂家各负责六十丈。除部分拆修更新豆渣石沟盖沟底外，还修建了两段各长二十五丈的露明水渠，"安砌豆渣石沟底，凿做荷叶沟。上安沟盖，凿做兀脊顶。下衬砌顺溜山石背底。"

第二段由碧云寺水泉院到静宜园宫门外月牙河止，共长四百四十三丈八尺五寸。碧云寺内的工程由祥茂厂承担：主

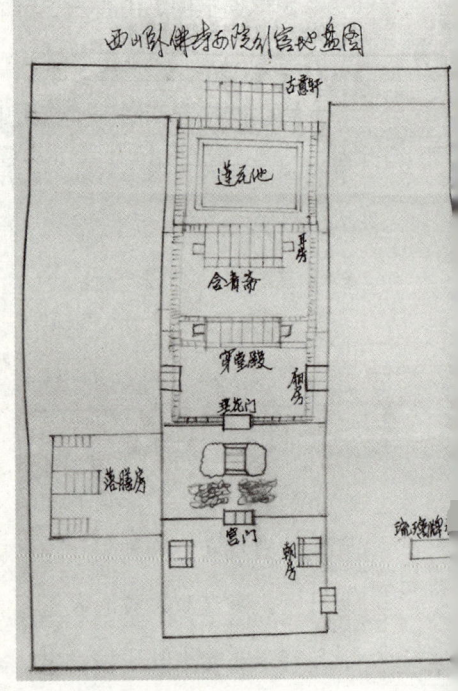

张宝章手绘行宫图

要是清理阻滞水路山石，修筑坍塌的二十九丈三尺长的山石泊岸，拆修一百五十四丈长的石槽，疏通和掏挖暗沟等。碧云寺和静宜园之间的水道归恒和厂整治：清理十四丈山潭中的"阻滞烂石"，拆修五十七丈长的水槽，"安砌沟底挑换三成，沟盖挑换七成"。静宜园内引水石槽共长二百三十二丈五尺五寸，由通和厂拆修：其中明沟一百二十三丈，暗沟一百零九丈五尺五寸，要将豆渣石沟底沟盖添新三成。要拆刨有碍山石长三十三丈，均宽八尺，均高一丈五尺，还另刨两处有碍山石。要为长三十丈五尺、宽二丈五尺至六丈三尺不等的河泡清挖淤泥，均深三尺，"泊岸勾抹油

灰缝，河底筑打灰土二步"。另有砖砌水箱三座，要"拆修一座，砖块换新一成，照旧勾抹什青灰。粘修二座，勾抹油灰"。

第三段由静宜园宫门外月牙河至四王府广润庙，共长七百五十丈零七尺，由四个厂家分工负担。统一要求将这道高七尺、厚三尺的长墙修筑得坚实稳固，"地脚刨槽筑打灰土二步。里面安砌豆渣石水沟沟底，勾抹油灰缝背底。水沟地脚筑打灰土二步。下衬平筑打灰土四步。沟盖上面平垫黄土均一尺，上面行碴一次"。另外，还由祥茂厂负责，在南辛庄随水沟下添修三孔涵洞一座、一孔涵洞一座，"各金门面宽五尺，进深四尺，至沟底下皮四尺，沟底厚一尺一寸"。另由恒和厂将广润庙内的石砌水池，"清挖均深二尺，池底筑打灰土二步，勾抹油灰"。

第三项工程是由四王府广润庙至玉泉山静明园内六方亭前的挂水池。这段水利工程由德和厂负责。

乾隆年间在修建这段引水石槽时，克服了地势高低不平而且落差大的困难，修筑了一道高低起伏的长墙。墙顶的石槽，沿着普通寺和甘露寺的北院墙往东，绕过妙喜寺的南院墙，抵达静明园的西园墙内的涵漪斋练影堂前的河泡。为了方便长墙南北的交通，还在几条道路交叉的地方修建了几处行人和车辆通道。香山和樱桃沟的泉水，便通过这道引水石槽流进了静明园。

德和厂负责这道高墙顶端的长达五百六十九丈的水槽的拆修工程，"拆安沟盖添新三成，沟底添新二成，勾抹油灰。拆砌山石沟帮埋头，堆顶上面抹什青灰。拆砌臁闪大墙四段，凑长十丈。双水门添安过梁石一路。"

以上这项香山引水石槽拆修工程，按照雷廷昌提出的规划和设计全部完成。这道石槽的总长度，样式雷史料中有明确记载："樱桃沟、碧云寺、静宜园内外来源处起，至静明园内挂水池止，通共明暗水沟凑长二千九百九十丈零四尺"。

同治六年（1867年）"添修并拆修水沟和挑挖河泡淤浅工程"，除拆修香山引水石槽外，还有以下几项工程：

第一，玉泉山静明园内水利工程。

从西园墙到六方亭九丈三尺长的山石水沟由德和厂拆修。还要拆砌大墙和院墙各一段；切刨土山长三丈五尺，均高八尺；拆挂水池东南角山石沟长三丈五尺。

静宜园内的其他工程，全部由恒和厂承包完成。主要有三项：一是由西墙内的涵漪斋河泡起始，往南转东拐北至天下第一泉，开刨一道引水沟，长四百丈，宽三尺，深三尺。二是将玉湖（即玉泉池，南北长七十二丈，均宽五十二丈五尺）和裂帛湖（南北长五十一丈）均挖深一尺五寸。三是将园内各座闸板添新二十三槽，包括清明如画出水关二槽，裂帛湖一孔闸一槽，写琴廊前一孔闸一槽，等等，闸板"俱用杉木承做，两头安定提环"。

第二，北长河清淤工程。

根据河底淤浅情况，将北长河划为四段，提出了不同的清淤要求。全部由德和厂完成。

静明园出水闸起，至小东门三孔桥止，河桶长八十二丈，其中长五十丈、宽二丈五尺一段河桶，清淤深二尺五寸。三孔桥下清淤深二尺。

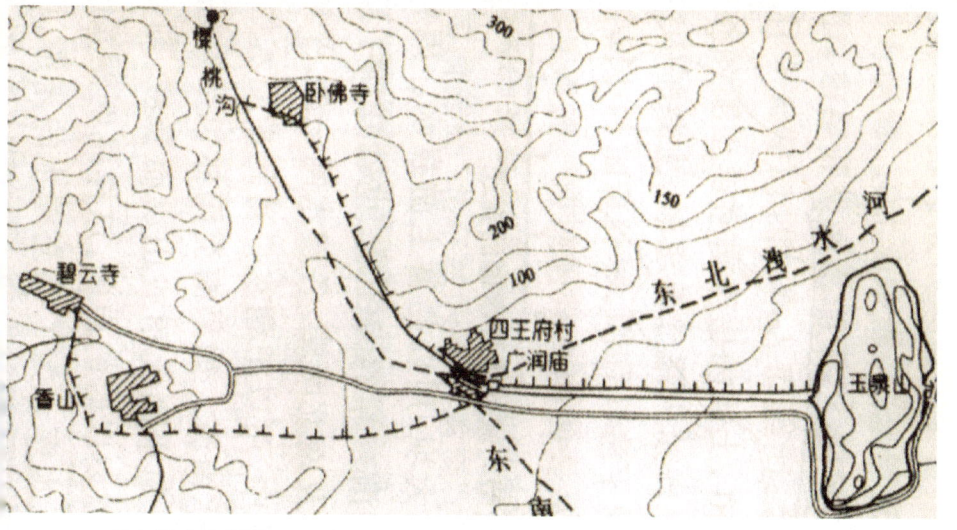

西山引水工程图

　　小东门三孔桥起，至大虹桥止，河桶长五十一丈一尺五寸。其中长二十丈、宽四丈二尺一段河桶，清淤深一尺五寸。大虹桥下清淤深一尺。

　　大虹桥起，至新闸止，河桶长二百九十八丈八尺三寸。其中长四十丈、宽七丈二尺一段河桶，清淤深二尺。

　　新闸起，至玉带桥止，河桶长二百四十丈九尺八寸。其中长四十丈、宽六丈五尺一段河桶，清淤深三尺。

　　与北长河相连的从玉带桥至绣漪桥止，长五百七十八丈九尺，也要在昆明湖内宽四丈的一段通道，清淤深二尺五寸，以利船舶通行。

　　第三，南长河清淤工程。

　　从绣漪桥经长春桥、麦庄桥到广源闸，河桶长一千五百七十八丈三尺五寸，由通和厂负责清淤。

　　从广源闸经白石桥到高梁桥，河桶长一千二百四十丈，由祥茂厂负责清淤。

从高梁桥经三岔河口到松林闸（铁棍闸），河桶长七百三十三丈，由恒和厂负责清淤。

以上便是全部"添修并拆修水沟和挑挖河泡淤浅工程"。雷廷昌在西郊水利工程簿册上写道："德和、通和、祥茂、恒和，静明园宫门迤北出水闸起，至铁棍闸止，河桶并桥座、闸口，通共凑长四千八百二十九丈三尺五寸，通共合里二十六里八分。"

在整个施工过程中，雷廷昌经常深入工程现场进行指导，检查施工质量，保证这次巨大的兴修水利工作顺利完成。查工簿中记载了他在四月二十九日到双井等地，检查恒和厂施工的进度，各项工程完成的情况。他还特别注意各承包厂商工程衔接处的质量问题。他在《由松林闸至昆明水道抄平册》的扉页，认真书写了三行文字，内容如下："堂交：四段交界处，勿（务）细心详妥，平丈办理，不准丝毫舛错，以免推诿。特记。"

在同治七年（1868年）春天，样式雷对西郊水利工程进行了一次检查。将了解到的情况记录在"同治七年二月三十日立"的《卧佛寺樱桃沟修理水源册》里。

同治年间这次由样式雷进行规划、设计和指导的京西水利工程，取得了很好的效果，使西山充沛的泉水，顺畅地通过香山引水石槽，流经北长河、昆明湖和南长河，穿过松林间，流进什刹海和三海，从而使皇宫和京城的用水需要，得到一定程度的改善，为改善京城人民的生活环境状况和城市建设做出了贡献。

另外，国图藏样式雷史料中，还有一本《永恩寺成府旱河抄平丈尺册》，记录了同治六年（1867年）春天治理成府旱河的情况。

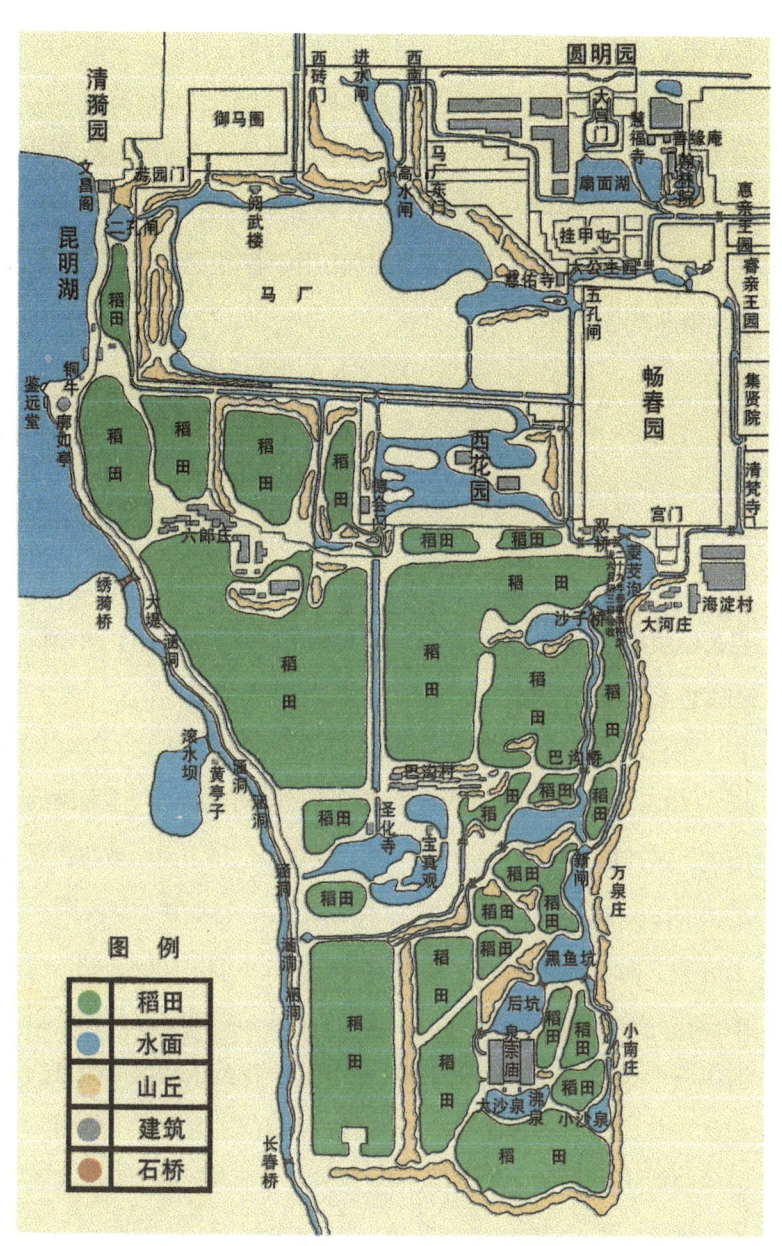

圆明园来水河道全图

雷廷昌于正月二十二日来到海甸作工程的准备工作。二十三日和二十四日两天，会同"恒和厂马二掌柜"一起，到旱河流经的苏大人园、东大地、中关村、成府和永恩寺等地，调查和测量旱河的地势等状况，记下了各种数据，做好了施工的准备。这条旱河是排泄海淀镇雨水的主要河道，对居民生活影响很大。修好这条旱河是非常必要的。

光绪年间西郊的几项水利工程

样式雷文档史料所反映的西郊水利工程，主要是在光绪十二年（1886年）的洪涝灾害后，清挖淤塞河道，修砌冲毁堤岸，妥善解决排洪问题。各项水利工程大多是围绕整治旱河、改善颐和园进水条件进行的。

第一项工程是疏通樱桃沟水道。

工程范围是从樱桃沟内水簸箕起，至卧佛寺牌楼西这段排洪河道。雷廷昌经过实地勘查、丈量，检查和记录了河道被冲毁及淤塞情况，编制了《樱桃沟疏通水道底册》。他在簿册扉页写下了这项工程的主要内容："樱桃沟内拟改开水道，切刨山坡，改修三孔平桥，添修趄护沟山石，添修山石护脚泊岸，凿打抬运阻滞山石，清理河桶等工。"底册中详细开列了河道和堤岸毁坏的现状，有针对性地提出了十二项具体的施工内容。如："水簸箕迤南现有冲倒炼山石一块，长一丈四尺，宽九尺，厚七尺。拟将下脚刨坑，将石凿翻以护石沟帮，不致阻滞水道。"又如："五华寺盘道南原旧有二孔石平桥一座，现已冲塌。拟改修三孔石平桥一座，金门改为宽七尺，进深七尺。"

雷廷昌制订的工程计划，经上报内务府堂批准后，很快付诸实施，按时施工修造完成。雷廷昌到施工现场逐个检查验收，编制成《西山卧佛寺樱桃沟修理水道做法册》，对验收结果做了详细记录。他肯定了各项工程"俱按照做法丈尺"，符合原定的质量标准，对原计划外临时批准的施工项目，如"添修水箱、包砌山坡泊岸、保护悬空山石下脚"等，也一一据实列出。这本"做法册"中，共列出20项具体的做完工程项目。下面列举几件：

水簸箕迤南原有山坡边一段，因阻水道应剔开，开刨一段长八丈，宽二丈，高一丈。接拐南西为山脚一段，长十三丈，宽二丈，高七尺。内露明炼山石一块，皆开凿。又刨出山石二十五块，均开凿抬运山脚。所刨之沙土俱抬运平垫东北石墙内坑坎。

山脚下包砌山石迎水护脚一段，长十八丈五尺，高六尺，宽三尺，抹麻刀泥缝。来水处上游原冲塌山脚一段，因恐阻塞，在来源包砌山石泊岸一段，长七尺，高六尺，宽四尺。此段估计，又多做二丈。来水上游有悬空大石，均凿开，保护下脚二段，长三丈一尺，高三尺五寸。

五华寺山口石碣之西，原有冲来大石十块，内长一丈至八尺五块，长七尺至五尺五块，宽四五尺不等。均凿开抬运抵用。山沟内清理沙石河桶一段，东西宽五丈五尺，原估长十五丈，现平垫二十一丈，计大小山石三十五块。

五华寺盘道口旧有二孔石平涵洞一座，因水势猛以至冲塌。

原估拟改三孔，因刨槽露出炼山石，应全行刨去，又恐山坡坍塌，现仍改修加宽二孔，添换过梁，二道水沟底添换长料，二道金门改宽七尺五寸，添安装壔下铁锭。

估外又修水箱一座，里口长三尺，宽二尺五寸，高四层，每层厚一尺一寸。上盖石块，长四尺，宽一尺八寸。

二孔平桥往南泊岸外口，添修迎水护脚山石一段，长九丈，均宽、高四尺。满灌浆勾抹麻刀泥缝。

这次樱桃沟水道工程，共花银一千五百六十九两四钱六分二厘。

第二项工程是卧佛寺至南旱河的水道修建工程。

这项工程，紧接樱桃沟山谷水道，从卧佛寺牌楼山口起，水道变成旱河，夏秋季山洪暴发时才成为流水滚滚的泄洪河。水道向东南方向经过正白旗营房西侧，从四王府往东为北旱河，四王府往南为南旱河。南北旱河也在此项工程范围之内。工程的主要项目是："开创清理淤滞沙石，改开河道，加堆土山保护石渠外口，添修迎水山石护脚泊岸，归安走错大料石泊岸。"（样式雷史料）

此项旱河工程开工后，雷廷昌多次深入施工现场，按计划提出施工要求，检查施工进度，监督施工质量，并根据实施情况改变施工要求或增减工程细项，保证全线工程顺利进行。《香山至玉泉山泄水沟修理册》便是对查工情况的笔录。这个手录本中共记载了"查得"的十三项工程的进展情况，查工的时间当为开工后不久。如，"分水龙王庙西边，往南归旱河岔道，沙石河桶一段，西边斜往南向归旱河分流河桶，原淤滞不通，斜长六十三丈。

拟开挖，均宽八丈，开刨沙石均深二尺五寸，折见方丈五百零四丈。此项沙石，拟抬运两边，就近加堆土山。"又如，"南辛村原估修三孔过水涵洞一座，南面拟添修山石趄坡水簸箕一座，东西长三丈，宽一丈五尺，地脚刨槽，打素土一步，上灰砌山石灌浆。接往东石沟盖上车道口二处，拟添砌趄坡山石二段，各长一丈二尺，宽八尺，用山石铺墁灰砌灌浆。"再如，"由白旗营南门迤西起，至十方普觉寺正东一孔过水涵洞东止，石沟外大料石泊岸外口，查现有冲刷露脚之处，除原估已修护脚山石泊岸一段长三十丈，拟接长高山石一尺五寸外，拟大料石泊岸外口，添修包砌河光山石迎水护脚泊岸，共凑长三百五十丈，上宽三尺，下宽四尺，连埋深高六尺。地脚刨槽筑打大夯灰土二步，包砌山石灌浆，勾抹搀灰麻刀泥缝。其下脚已有地脚坚硬之处，毋庸筑打灰土。"

此项工程全部完成后，雷廷昌经过实地逐项验收，做出了施工总结，编制成《卧佛寺至旱河工程册》。样式雷在这本工程册的扉页记载为《分水龙王庙东西旱河并分流会水等工丈尺做法实做销册》和《普觉寺至广润庙东开挖河道、加堆土山丈尺做法等工实做销册》。不仅记载了工程完成情况，还做出了工程经费支出的总决算。

关于完成的工程，共记载了十一个大项目。其中主要的有：

第一，分水龙王庙前七孔涵洞之东，原旧河桶淤滞沙石。开刨清理一段，东西长四十丈，南北均宽二十丈，中心开刨均十丈，均深三尺。两边开刨顺溜各五丈，均深三尺，折见方丈八百丈，俱抬运两岸加堆土山。

第二，分水龙王庙西边，斜往南向，旧旱河分流河桶，原淤滞不通，斜长六十三丈。俱开刨清挖沙石，均宽八丈，均深三尺，折见方丈五百零四丈。俱抬运就近加堆土山。

第三，河口内现有露明石渠沟盖一道，长八丈。两边添安趄坡大料石迎顺水装板各一道，各长八丈，各宽一尺六寸，厚一尺一寸。背底山石满灌浆见缝，下生铁锭。装板外口添砌背后山石二道，各长八丈，均宽四尺，刨槽深三尺，满背砌灌浆。

第四，石沟上东西车道口三处，俱添砌墁趄坡山石三段，各长一丈二尺，宽八尺，满灰砌灌浆。

第五，南辛村东三孔涵洞南面，添修顺水山石水簸箕一段，东西长三丈，宽一丈五尺。地脚原估刨槽筑黄土一步。因恐沉陷漏水，今改筑打大夯灰土二步，上满背山石灌浆。

第六，由七孔涵洞往西，至四王府西街口，旱河一段，淤滞砂石。开刨清挖河桶一段，长一百二十三丈，西头均宽十丈，东头均宽十五丈，折均宽十二丈五尺，均深二尺至三尺不等，折见方丈一千五百二十八丈五尺。抬运就近加堆土山。

又估外二孔涵洞外口沟挖一段十八丈，宽二丈，均深三尺。

第七，接四王府西街口，斜往西北，至十方普觉寺牌楼西山嘴止，旱河淤积沙石。河身中间并有淤滞沙岗四段，均高四五尺，均长四五丈，均宽七八尺不等。俱开刨清挖河桶一道，长五百丈。此旱河原宽三十丈不等，其水曲折不定。俱拟分中河心开挖，均宽十丈，均深二尺。现开挖除沙石岗外，北头均三尺五寸至三尺，中段三尺至二尺不等，南头三尺至二尺五寸不等，均深三尺，折见方丈五千丈。

此项砂石抬运靠石泊岸外口，保护石沟，随原有土坡加堆土山。土山四段凑长一百八十六丈。

这次开挖河桶工程共有四段，共长八百一十五丈，折合八千五百九十五平方丈。原计划均挖深三尺，但内务府堂传谕，因为经费开支过大，改为深挖二尺。但实际施工中挖深二尺五寸有盈。

关于这次工程的经费开支，"净计原估银一万一千八百七十六两六钱七分。奉堂谕：因钱粮过巨，（挖河）减深一尺，减去银三千九百五十九两三钱四分。均照原估实领银七千九百一十七两三钱三分。"

除去挖河桶所用经费开支外，其他各项工程所用物料和匠夫的用银开支如下：豆渣石十六丈，合银四十八两；生铁锭二十个，合银八两；白灰三万九千一百斤，合银七百零三两八钱；麻刀三百一十五斤，合银九两四钱五分；石匠一百三十工，合银二十三两四钱；瓦匠一千七百四十八工，合银二百六十九两一钱九分二厘；抬运夫、挑水泥夫、刨夫、浆夫共五千四百九十二工，合银六百五十九两零四分……

以上物料和匠夫共用银二千七百二十八两三钱七分二厘。

旱河水道的修建工程完成后，将光绪十二年（1886年）以前冲毁的堤岸、涵洞和河桶中淤积的泥岗巨石，全部清挖和整治完好。西山的洪水可以从南旱河和北旱河顺畅地排泄出去。香山和樱桃沟的泉水，也能通过香山引水石槽流进静明园和昆明湖，供给西郊皇家园林和京城用水。

第三项工程是整治北长河和开挖引河。

这项工程是在玉泉山和昆明湖之间进行。

北长河的清淤和扩挖工程，是在静明园东墙外到新闸之间这三百六十五丈的河道上开展，据样式雷《玉泉山至新闸挖河丈尺图》记载，一项工作是将河道裁弯取直，将六处河湾的堤岸挖掉，加宽河道；最短的一段长五丈，最长的一段长三十九丈。另一项工作是清淤，将八丈五尺宽的河桶，要挖深四尺，使流水通畅，行船方便。

在清挖北长河的同时，要在河北与河南各开挖一道引河，使玉泉水顺畅流向昆明湖。据样式雷《万寿山西宫门外开挖引河图》记载：北引河沿御园间石路的南侧开挖，西起静明园东墙如意门北边，东行穿过石平桥，通向万寿山西宫门外的小湖。通长五百一十丈，均宽七丈，深四尺。南引河西起养水湖东堤，东行至昆明湖之治镜阁湖西北岸，经三孔闸流入湖内。通长一百七十丈，均宽五丈，深四尺。

今日北长河

在开挖两道引河后，还修建了四座挡水坝，都在长河沿岸。最大的一座建在北长河东段的大船坞西侧，横拦住长河水流，长十五丈，均宽一丈，高七尺。其他三座都是八九丈长，分别建在中段的养水湖一孔闸和石桥西侧，以及西段石桥西侧。

北长河和两条引河的开挖和疏通，改善了玉泉山和万寿山之间河水的流通状况，对玉泉水顺利流进昆明湖和北京城也创造了更为方便的条件。

以上便是我根据见到的几十件样式雷图文史料，对清代同治、光绪年间几项水利工程开展情况的整理和记述。样式雷关于西郊水利的史料，可能还会更多。同治、光绪年间的水利工程，肯定不止这几项。这有待于更多史料的发现和整理。

就以上样式雷所主持的几项西郊水利工程，我认为可以得到以下几点启示：

第一，有清一代，历朝皇帝都非常重视北京西郊的水利工程。不仅康乾盛世的玄烨和弘历兴修了很多水利工程，就是晚清国势衰颓时的实际统治者慈禧太后，也还是从拮据的国帑中拿出少量资金，整修淤塞的残破的水道和水利设施。这是因为，香山和玉泉的泉水是昆明湖和京城唯一的水源供给地，它对京城园林和城市建设、居民生活以致漕运等用水需要，都是十分重要的。北京城离不开西郊的水。

第二，样式雷世家不但为清代皇家建筑的营建，包括城市、宫殿、坛庙、园林、陵寝和府邸等，做出了独特的巨大的贡献，还对京城的水利建设做出了很大贡献。对解决北京城市用水以及将山洪和暴雨形成的地面径流通畅地排泄出去,都创造了丰富的经验。至于正确地修建和利用供水排水中的工程建筑,如节制闸坝、桥梁涵洞、进出水关、引水渡槽等,以及采用由建筑厂商联合并分工承包等组织施工的工程经营管理经验,都值得认真地总结、研究、继承和发扬。

第三,样式雷关于北京西郊水利建设的图文资料遗存,是非常珍贵的史料。为我们研究清代北京的园林史和水利史,提供了

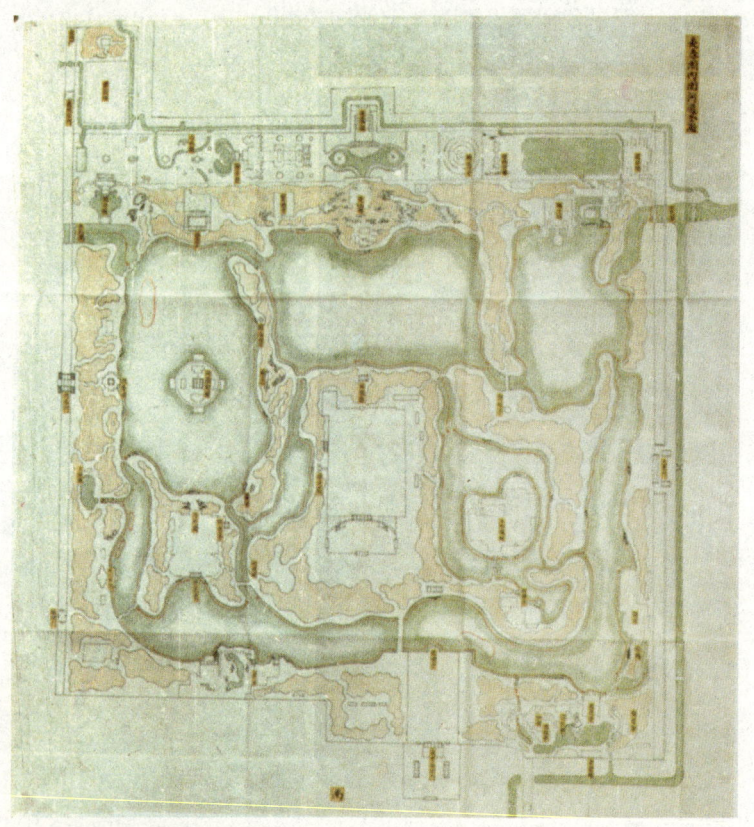

长春园内围河道全图

南长河公园

许多具体的准确的第一手资料。这对我们总结历史经验，服务于新时期的城市建设，把北京建设成现代化国际化城市，也具有十分重要的意义。

样式雷与颐和园

  颐和园是在乾隆年间修建的清漪园的基础上重建的。清漪园建于乾隆十五年（1750年）到乾隆二十九年（1764年）。

  样式雷是否参加了清漪园的设计和建造呢？

  在京西海淀一带，流传着一则样式雷在鲁班爷的启发和帮助下，设计清漪园的传说。这个传说的题目是《福山寿海》。其内容如下：

  相传在清代乾隆年间，乾隆皇帝要为他的母亲皇太后庆贺

乾隆时期的清漪园

六十大寿，下令在北京西郊修建一座大园林。负责这项工程的是专管皇家宫殿、陵墓设计的样式房。这个部门的主持人，正是闻名全国的样式雷。

样式雷祖辈都是木匠行的高手。传到乾隆年间，样式雷这一家子已经不知道为几代皇帝修建了多少宫殿和园林，见过的人没有不挑大拇指的。甭管多难的活儿，他都能干，可这次却难坏了他。

样式雷是在为园子的整体造型发愁。园子这么大，应该把它修成什么样子呢？乾隆是个风流皇帝，这次又是为他的母亲庆寿，这座园子要设计得让他满意，没有点吉祥如意的说辞是万万不行的。怎么才能设计出个吉祥图来呢？样式雷左思右想还是没有结果。

这时，从各地调来的工匠已经齐集北京，然而图纸没有设计好，大家也就不能动手施工。样式雷整天关在屋子里冥思苦想，乾隆又几次三番派人前来催促。愁得样式雷嘴上起了好几个大泡，茶不思，饭不想，连觉也睡不着了。

一天下午，样式雷正憋在屋里抽着水烟。有个工匠进来说："门外来了个老汉，一定要见见您，说是要找点儿活干。"样式雷随着那工匠走出房门，只见到一个六十开外的老汉。他身高体瘦，精神很好，看样子身板挺硬朗。他穿一身青布裤褂，手里还提着一个装木匠家什的布袋子。样式雷对那老汉说："老师傅，我们这儿眼下可没活儿干呀！"老汉一听忙说："老爷，修园子这么大工程，怎么没活儿干呢？"样式雷就把自己遇到的难题，对老汉诉说了一遍。最后还特意指了指自己的嘴，说："您看，我急得都上火了。"

老汉想了想说:"既然这样,那我就不强求了。不过,我远道而来,能不能让我借住一宿再走呢?""那有何难,咱们都是鲁班爷的子孙啊!"样式雷满口答应,又安排老汉去吃饭。老汉连说:"不忙不忙,既然您上了这么大的火,老汉我这里有只寿桃献给您,吃了败败火吧。"说着,从粗布家什袋里掏出一个寿桃。样式雷叹了口气,又摆摆手说:"唉,吃不下去呀。"说完,转身回屋里去了。

月亮都升起来了,样式雷还在屋里苦苦地思索着如何设计花园儿。忽然听到外边有一阵喝彩声,还有人乐得直拍巴掌。他不知道发生了什么事情,忙走出门去看。只见一伙工匠围拢成一个圈子,圈内竟是那位陌生的老汉。老汉面前摆了一张方桌,桌子中间放着那只寿桃,有一只大蝙蝠正围着桃子忽上忽下地飞着。嗯?好怪呀。样式雷忙挤入人群,想仔细看看是怎么回事。就在这时,那只蝙蝠忽然落在寿桃旁边,用两只翅膀围着桃子,好像要把它捧起来似的。样式雷看着看着,忽然大叫一声:"有了!"转身就往屋里跑。工匠们不知怎么回事,也一齐拥进屋里。

只见样式雷铺开纸,先画了一座蝙蝠形的山峰,又在山前画了一片桃形的水泊。接着,他又提笔在纸上写了四个大字:"仙蝠捧寿。"大伙儿全明白了,齐声喊好。

这时,样式雷忽然想起了那个老汉,赶忙带着大家一起出屋去找。老汉、寿桃和蝙蝠全都不见了。一个工匠说:"不用问,那个老汉一定是祖师鲁班爷下凡,帮咱们忙来啦!那桃子和蝙蝠,一准是他老人家邀请来的寿星和福星啊！"

第二天，样式雷就把"福山寿海"的图纸样式呈给乾隆。乾隆看了十分满意，传旨按照这个样式建造。

样式雷带领众工匠，照着图纸施工。先挖了一个桃形的大湖，又用挖出来的土堆起了一座蝙蝠形的山。蝙蝠的头就在山根前立着牌坊的那块地方，身子是佛香阁那一溜儿建筑。蝙蝠的翅膀，就是那条有名的长廊，对鸥坊和鱼藻轩是翅膀的两个突出的肉锥儿。

清漪园终于建造好了，山和水都有了名字：万寿山和昆明湖。

这个民间传说是吕阜生先生搜集整理的。

万寿山与昆明湖三岛

我的另一位朋友周止敬先生，也搜集整理过一则样式雷按乾隆帝给予的主旨而设计清漪园的传说故事，题目叫《样式雷巧设园林图》。内容如下：

逛过颐和园的主儿，都说颐和园跟画儿似的。人在画中游，画中有说头。

话得从乾隆皇帝身上说起。有一天，乾隆

在乾清宫看奏折,其中有一份是江南启奏的。对于江南,乾隆爱得够份儿,早就想把江南胜景搬到清漪园来。这件事,已经降旨给工部,让他们策划,事情一眨眼过了三个月,没听见动静。一看到江南的奏折,勾起了心思,他对旁边的内侍太监说:"修园的事,可有回奏?"内侍太监回答:"奴才听说,工部找了个人,正在制作烫样呢。"乾隆一听下边没不当回事,不觉一悦,说:"传下去,准备好了,我要当面看看。"

工部找的那个人姓雷,祖上就是做烫样的,他的大名不被人熟知,都习惯叫他"样式雷"。样式雷生性乖巧,手头传神,独出心裁,从不打底儿,一气呵成。

这一天,样式雷吃罢午饭,在院中整理盆景。有个身穿朝服的爷公,在两个随同伴护下,推门而入,直截了当地告诉他,有件紧急官差,为修建清漪园做好设计图,并且说:"明天卯时有人带你进园,仔细地观赏观赏,少则半月,多则一月,拿出烫样儿,工匠们全等着哪。"

样式雷想,是好样儿的,应当给他们做出个样瞧瞧!等他绕罢清漪园,已胸有成竹。

工部接旨之后,哪敢怠慢,派人通知样式雷转天进宫见驾。样式雷带上一只两尺见方的木箱子,在宫门外候旨。见了乾隆,急忙叩头。内侍太监说:"你摆出来,请万岁爷御览。"样式雷沉稳地说:"小民见识极少,愿听万岁吩咐,随时摆出图样。""怎么着?我说什么,你就能摆出什么?""小民怎敢妄为,愿遵旨而作。"

乾隆眼珠一转动，就把早已想好的四句话说了出来："既然你有一片好心意，那么我想看到：四时占全，福寿满园，天星落凡，水陆龙安。"

样式雷听完之后说："请万岁稍候一时。"说着，打开小木箱，取出一样一样的小物件，就地摆开，垂手侍立，说道："请万岁观看。"内侍太监说："你先说说四时占全。"

样式雷用手一指，说："请您看，山下是一道长廊，长廊上有几座亭子。这座叫留佳亭，是要把春日佳景挽留在人间。那座叫寄澜亭，暗指麦收时节麦浪如波。这个叫秋水亭，李贺题诗：一双瞳仁剪秋水，用秋水比喻眼波。那个叫清遥亭，暗指霜降节令已过，便是清冷的寒冬了。万岁爷几个亭子走一趟，如同过了一年，常走常来，万寿无疆。"

颐和园长廊秋水亭　　颐和园长廊留佳亭

乾隆听到这儿，点点头，随着问道:"那福寿满园呢?"

样式雷侧过身说:"万岁您瞧，昆明湖外形，那堤边是个桃形，寿桃是祝寿的上品；东堤种桃，西堤插柳，桃柳迎春。站在高处，您会看到排云殿是个蝙蝠的头，两边的亭子是蝙蝠的翅窝儿，和山相连便是福山了。上有福山，下有寿海。您再往前看，南湖岛鼓鼓实实，活像一头龟，龟有千年寿。那十七孔桥是龟的脖子，正在湖中得意。在昆明湖的最南边，要立一座绣漪桥，河桥相映，福寿绵长啊!"

内侍太监接着问:"哪是天星落凡呢?"样式雷说:"天上有牛郎织女星，一条天河把他们分开了。昆明湖就是一条天河，小民打算在东边设一只铜牛，西边建一座耕织图。牛郎织女天河会，全靠万岁爷皇恩浩荡，牛郎织女也会感恩戴德的。"

乾隆问:"什么又是水陆龙安呢?"

样式雷回答:"启禀万岁，园中宽阔的湖水，要有龙王安身的地方，南湖岛上要修建一座龙王庙，以保湖水永世太平。陆上的龙，就在山脚下，这儿要建一条长廊，廊子弯弯曲曲，长远延伸，如同一条卧龙。"

乾隆听完一想，自己说的那四句话，图里全有了。再看样式雷带来的小木箱，已然是空无一物了，就随便问了一句:

"我问你，这个箱子你搁在那儿呀?"样式雷说:"这个木箱子也有用，可以当棺椁。小民想，那耶律楚材的墓，放在山根那边，也不太适当，需要把那口棺材整个移到湖东岸。不知万岁爷称意不称意?"乾隆说:"你想得挺周到，就照这套样子修。你回去候赏吧！"

样式雷走后，乾隆心想：此人太精了，我的心思他预先全知道，我大清国真是人才辈出啊！

以上这两则是民间传说，都说的是样式雷设计了清漪园，故事当然是虚构的。但历史的真相如何呢？

朱启钤先生《样式雷考》中，关于第四代样式雷雷家玺有这样一段记载："乾隆五十七年，（雷家玺）承办万寿山、玉泉山、香山园庭、热河避暑山庄及昌陵等工程。"但他只是承办了修建清漪园某些单项的建筑工程，而不是参与了园庭的全部始建工程。因为雷家玺出生的乾隆二十九年（1764年），恰恰是清漪园建成竣工的年代。如果有样式雷参与或主持设计此园，必定是第三代样式雷雷声澂，那正是雷声澂21岁到35岁的时候。此时，已经成年的雷声澂，应当已经争回了样式房掌案的职位，正效力于皇家各项建筑事业。朱启钤《样式雷考》记载："初，方声澂之幼孤也，样式房掌案为其伙伴所攘夺。其母张氏出而泣诉于工部，迨声澂成年，乃得嗣业。"

现有的文件资料中，还没有查到关于雷声澂设计清漪园的记载；而国家图书馆等单位收藏的样式雷画样和烫样中，也未发现雷声澂设计清漪园的有关史料。对此问题还须有新的可靠的材料做进一步的证明。

在弘历登基以后，畅春园仍在使用，圆明园和香山静宜园已经建成。他在乾隆九年（1744年）写的《圆明园后记》中，在肯定圆明园为"天宝地灵之区，帝王游豫之地，无以逾此"之后，曾明白告诫："后世子孙必不舍此而重费民力以创建园囿；斯则深契朕法皇考勤俭之心以为心矣。"

但事隔几年，弘历即背弃自己的主张，开始在圆明园西墙外的瓮山下，大兴土木，修建清漪园了。其原因何在？他为什么非要建清漪园呢？

清华大学周维权教授，在《清漪园史略》一文中，进行了科学的分析，讲了三点理由：

其一，京城西北郊先已建成的诸园之中，圆明、畅春均为平地起造，虽以写意的手法缩移模拟江南水乡风致的千姿百态而作集锦式的展开，毕竟由于缺乏天然山水的基础，并不能完全予人以身临其境的感觉。静宜园纯为山地园林，静明园以山地而兼有小型水景之胜，但缺乏开阔的大水面，唯独西湖乃是西北郊最大的天然湖，它与瓮山形成的北山南湖的地貌结构，朝向良好，气度开阔。如果加以适当的改造，则可以成为天然山水园的理想的建园基址。这个基址离弘历居住的圆明园很近，又介于圆明园和静明园之间。此三者若在总体规划上贯联起来，即能构成一个功能关系密切、景观又可互为资借的多种形式的庞大园林集群。可谓一园建成，全局皆活。

再者，西湖从元明以来，已是京郊的一处风景名胜区。"西湖景"早有神似杭州西湖的口碑。杭州西湖素为弘历所向往。他曾命画家绘制《西湖图》长卷，并题诗以志其事，诗中已约略透露了欲在近畿模仿杭州西湖景观的意图。他在后来所写的诗文中，也曾多次提及以此西湖仿彼西湖的事实。

其三，圆明、畅春、静宜诸园，大抵都是因就于上代的基础而扩建，园林的规划难免或多或少地要受到以往既定格局的限制。而瓮山西湖的原始地貌则几乎是一片空白，可以完全按照弘历的意图加以规划建设，自始至终，一气呵成。因此清漪园的规模虽远不及圆明园，其性质也不过相当于后者的附园，但却深为弘历所喜爱。

为修建清漪园，弘历找到了两个借口：一是建寺为其母钮祜禄氏皇太后庆祝六十大寿，二是修建西郊河湖水系的水利工程。弘历在《万寿山清漪园记》中写道："盖湖之成以治水，山之名以临湖，既具湖山之胜概，能无亭台之点缀？事有相因，文缘质起，而出内帑，给雇直，敦朴素，祛藻饰，一如圆明园旧制，无敢或逾焉。"有了湖山之胜概，就必须修建起亭台楼阁以为"点缀"，这就是弘历为食言而找到进行辩解的理由。

乾隆年间建成的清漪园，是一座行宫型的皇家园林。其功能不同于圆明园，弘历经常来此游览，却从不留宿，"过辰而往，逮午而返，未尝度宵"，是一日游而非常驻，用不着在这里天天上朝。所以宫廷区的大殿、寝宫、朝房及其他辅助建筑的总面积不大，占全园的比重小，而且相对独立于广大的园林区，在总体规划上形成宫苑分置的特点。勤政殿七楹，建在大宫门内，是处理朝政的地方。建筑屋顶不用琉璃瓦而用青灰瓦，庭院布置山石和花坛，有较浓的庭园氛围，以与园林区的风格相协调。

以万寿山为主体的广大园林区，山脊南北两面形成了前山前湖开朗，后山后湖幽静，这样风格迥异的景观特色。前山前湖景区包括万寿山南坡和昆明湖。前山的突出部位建置了一组体量大、形象丰富的中央建筑群。从大报恩延寿寺到佛香阁、智慧海构成一条贯穿前山的中轴线。这一连串金碧辉煌的建筑和连片的苍郁松柏，把整个山坡密密地覆盖，由轴线两侧对称布置的建筑，如五方阁、铜亭、转轮藏和万寿山昆明湖巨碑，作为两翼的陪衬，更凸显出佛香阁的雄伟高贵和意气轩昂，从而成为总揽前山的构图中心。山麓横贯东西，建起一道273间、近千米的临水长廊，它把留佳、寄澜、秋水和清遥四座重檐八角亭串在一起，养云轩、乐安和、听鹂馆等一批体量较小的建筑物自由而舒朗地布置于长廊北侧。长廊和前山中轴线在排云门前交汇，使这里成为全园的中心景区。

昆明湖广阔的水面和岛堤亭桥的精巧设计是园林的神韵所在；西堤和支堤将湖泊划分为三个水域，分布在各水域的三个中心岛上，分别建成了龙王庙、藻鉴堂和治镜阁，这是中国神话传

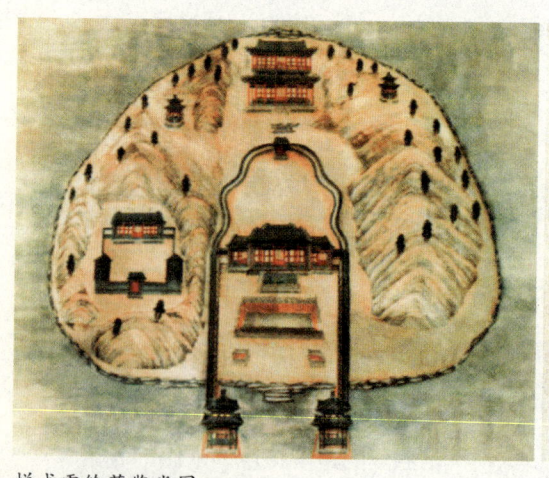

样式雷绘藻鉴堂图　　　　　　　　　　样式雷绘治镜阁画样

昆明湖与十七孔桥

说中的蓬莱、方丈、瀛洲三座仙岛的象征。南湖岛龙神祠与南端的凤凰墩，北龙南凤，象征龙凤呈祥；湖东岸的文昌阁与西岸的宿云檐，东文西武，寓意为文武辅弼；东堤的铜牛与西堤的耕织图，隐喻牵牛织女七夕相会的故事。这些都反映了中国的传统文化在造园艺术中的体现。仿杭州西湖西堤六桥建成的昆明湖西堤六桥，是园内最为人称道的景观之一。昆明湖最大的岛是南湖岛，最大的亭是廓如亭（八方亭），两者由一道最大最美的桥——十七孔桥连接起来，成为一组水陆相携的美丽的景点。

后山后湖景区幽静深邃，富于山林野趣。后山中部是四大部洲喇嘛寺庙建筑群，其他大都是自成一体的小型园林和单体建筑景点。延绿轩、云绘轩、寅辉城关等，或沿山，或临水，或倚坡，随地貌不同而错落设置。流经山麓的后溪河中段，建造了一条买卖街。后溪河的西端是象征皇基永固的石舫，东端是仿无锡惠山寄畅园建造的惠山园。

在《万寿山清漪园记》中，乾隆写道："畅春以奉东朝，圆明以恒莅政，清漪静明，一水可通，以为敕几清暇散志澄怀之所。"这是他最为向往的所在。他说："何处燕山最畅情，无双风月属昆明！"

乾隆年间，是清漪园的全盛时期。嘉庆、道光两朝大体上还保持着昔日的规模、内容和格局，也有个别建筑的拆除、改建和新建，但与兴旺发达的乾隆时期相比，则要显得寂寥和衰微了。比如，道光年间，乾隆帝的曾孙奕绘的侧室夫人、清代第一位女词人顾太清，写有一阕词《浪淘沙·登香山望昆明湖》：

碧瓦指离宫，楼阁飞崇。遥看草色有无中。最是一年春好处，烟柳空蒙。湖水自流东，桥影垂虹。三山秀气为谁钟？武帝旌旗都不见，盛世难逢。

清漪园的楼阁飞崇，美丽依旧。但盛世的富庶繁华已成历史，国势日渐衰落了。

衰弱的清王朝没力量抵御西方列强的侵略，咸丰六年（1856年），英法帝国主义组成侵略联军，制造借口，发动了侵略中国的第二次鸦片战争。咸丰十年八月（1860年9月）英法联军进犯北京。咸丰皇帝逃往承德避暑山庄。十月五日，侵略军占领海淀镇，六日占领圆明园。第二天开始，在火烧圆明园之后，又劫掠并焚毁了畅春、清漪、静明、静宜园等皇家园林。在西郊海淀完整存在了一百零九年的清漪园，也在劫难逃，建筑被焚毁，文物珍宝被抢光，御苑变成一座废墟。后人王闿运写道："玉泉悲咽昆明塞，惟有铜犀守荆棘；青芝岫里狐夜啼，绣漪桥下鱼空泣。"此诗道出了这座皇苑的悲惨凄凉景象。

　　劫后的清漪园，仍由清廷内务府管理。按惯例，每隔五年，清点一次园内各殿堂的残破陈设。在同治十二年（1873年），清穆宗载淳亲政，以奉养慈安、慈禧两太后为名下令重修圆明园。由于建园需要大量木材，就传旨拆卸西郊各园的旧料以应急需。样式雷《旨意档》同治十二年十一月十八日便有明确记载："召见明、贵，著钦天监择吉，今冬立春前，安佑宫、万春园、清夏堂、圆明园共二十七处供梁。著拆藏舟坞、近春园、三山查找选用。"（《圆明园》上海古籍出版社第1122页）其中就包括从清漪园的残破建筑中拆除的旧料。

　　慈禧太后重修圆明园的工程，由于国库空虚、缺少经费和群臣反对而中途停工。但她不愿长期蛰居在"红墙绿瓦黑阴沟"的紫禁城内，祈望仿效乾隆孝圣皇太后住在风光明媚、豪华舒适的西郊御苑里。于是在清德宗载湉即位，她得以垂帘听政后，就处心积虑地要修复清漪园作为她长期居住的离宫。

　　以当时清朝贫弱衰颓的国势，根本没有经济力量修建豪华的御园。但慈禧太后还是从筹建新式海军的经费中，挪用了巨额款项，并仓促动工了。

　　光绪十二年十二月（1887年1月）设立在清漪园耕织图原址的水操内学堂，举行开学典礼。同一天，在大报恩延寿寺旧址新建的排云殿和德辉殿，举行隆重的供梁仪式。重建清漪园的巨大工程开始了。

光绪十四年（1888年），载湉发布上谕："万寿山大报恩延寿寺为高宗纯皇帝侍奉孝圣宪皇后三次祝嘏之所。敬踵前规，尤征祥洽。其清漪园旧名，议拟改为颐和园。"从此，清漪园之名成为历史，颐和园之名诞生了。

历来人们常说：颐和园是西太后修的，或是主持修园事务的醇亲王奕譞修的；新中国成立后又说这是"我国古代的劳动人民"修建的。在宝云阁（铜亭）的亭内南墙上刻写着参加这项工程的工匠包括铸匠、凿匠、锉匠、拨蜡匠、旋匠、木匠的姓名。但在翻阅了光绪年间保留下来的大量样式雷画样和其他资料后，我们可以客观地准确地说：第七代样式雷雷廷昌和样式房的匠师们，为修建颐和园花费了大量心血，做出了突出的贡献。这就把"古

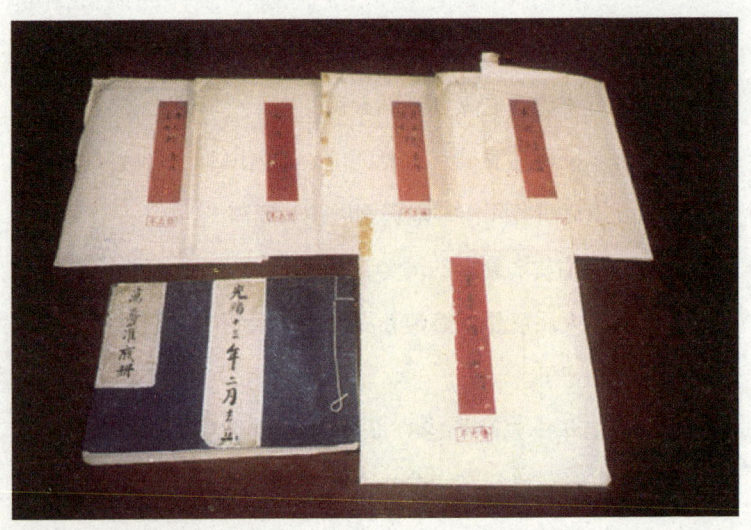

样式雷《万寿山准底册》

代劳动人民"具体化并落实到一批建筑哲匠名下了。

在国家图书馆善本部珍藏的标有"样式雷制"字样，并为光绪年间绘制的关于颐和园的画样，我们检索到308张。我的文友徐征，对这些画样做出了概括的分析：

样式雷所制颐和园画样，就图纸的建筑表现而言，可以分为平样和立样两大类。平样即属于平面图性质，共计203张。这里包含图、样、平样、细样、底样、地盘样、地平样、地盘平样。其中平样80张，地盘平样43张。立样即属于立面图性质，共计41张。这里包含立样、立平、分位图、分位图解等。

样式雷画样就图样的施工类型来说，分为重建、扩建和新建三种情况。画样均按比例标出假山、水系和建筑基址以及殿堂名称。图样内的建筑物有整体的、局部的和细部的。从绘制颜色上分，有墨绘、色绘和彩绘。从设计程序的阶段分，有糙样、底样和进呈样，进呈皇帝、皇太后御览的画样，用大张纸、色绘并贴有黄纸标签。平面图上除标明建筑、河流、道路的名称外，还附有方形或长方形的说帖，遇有牌坊则画成立体示意图。

这些画样按工程类别分，共有殿堂楼阁、附属房屋、门窗牌楼、桥墙道路、舟船码头等几种，有画样279张。其中殿堂楼阁、寺庙等有115张，如畅观堂不同尺寸和颜色的图样就有33张之多。附属房屋包括膳房、电灯所、值房等有57张。门窗牌楼以及匾额、围屏、宝座、供桌、落地罩、栏杆、碧纱橱、玻璃壁等，有69张。土木设计包括河桥、甬路、山道、围墙、泊岸等，有21张。御舟、码头、船坞、平船等，有17张。

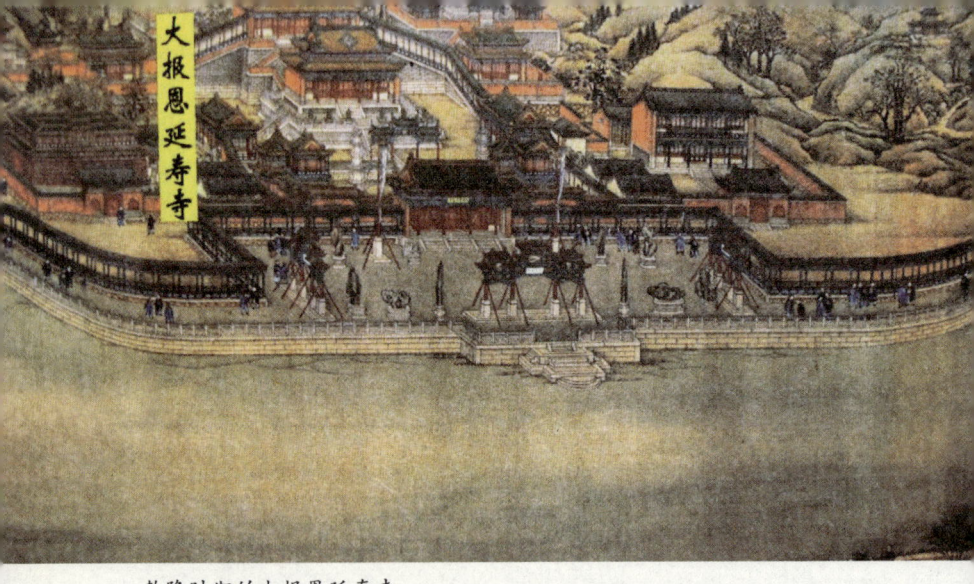

乾隆时期的大报恩延寿寺

这些不同形式、不同种类和不同功能的样式雷画样，是建设颐和园的蓝图和依据，蕴涵了几代样式雷从事皇家园林建设的经验和智慧，体现了建园主人即慈禧太后造园的主旨和意图，是我国传统建筑技艺和造园艺术的珍贵遗产，具有重要的科学价值、艺术价值和历史价值。

下面，我想列举几处颐和园主要景观的样式雷画样，来记述样式雷对修建颐和园所做出的实际贡献。

万寿山前山中轴线上的排云殿、佛香阁、智慧海，是颐和园的代表性建筑，也是园中体量最大、气势宏伟、金碧辉煌的中心景观。清漪园的建设是从大报恩延寿寺开始的。"前为天王殿，为钟鼓楼，内为大雄宝殿，后为多宝殿，为佛香阁，又后为智慧海。"（《日下旧闻考》）大雄宝殿之西为罗汉堂，堂内为田字式，分甲乙十道，排列着五百尊罗汉塑像。堂东有亭，亭内卧碣镌刻着弘历的《御制五百罗汉记》。大雄宝殿之东为慈福楼。此寺建成后弘历奉母来殿拈香。直至咸丰年间，每月朔望都有唪经之例。

光绪年间，在大报恩延寿寺的旧址上修建排云殿，是作为慈禧太后过万寿节时接受朝拜的地方。样式雷为排云殿的殿堂布局、单体建筑和重要陈设，绘制了十几张画样。如《颐和园延寿寺改建排云殿图》《颐和园内排云殿全部地盘平样》《颐和园排云殿立样全图》《颐和园内佛香阁及排云殿平面图》《颐和园德辉殿内檐装修平样》以及《颐和园排云殿寝殿碧纱橱立样》《中路排云殿露天陈设分位图样》《排云门前日晷图样》等。

排云殿各项建筑方案，都是由样式雷拟就，经审查上报，慈禧首肯后，方能施工。如《颐和园排云殿地盘样》，墨绘，"五分代一丈"，即比例尺为二百分之一，板框60.4厘米×27.9厘米。这是一幅呈慈禧太后御览的精致准确的设计图，不仅绘制了殿堂的分布和体量，标出了一些重要附属设施的坐落和尺寸，还将最重要的建筑物的长度和宽度，写成黄色标签，呈请定夺诏准。这幅画样标题为《谨拟建修万寿山前山中路全图地盘画样》，用端正的楷书墨写在一张长条黄纸标签上。实际上这张画样只绘制了排云殿，包括中轴线上从大宫门到二宫门、大雄宝殿、德晖后照殿，以及东西配殿等。在一张贴在大雄宝殿下方的方形黄签上写道："谨拟排云殿一座五间，内明间面宽一丈五尺二寸，二次间各面宽一丈二尺六寸，二稍间各面宽一丈二尺，前后俱进深二丈四尺，外周围廊俱深五尺，下檐柱高一丈五尺，斗口二寸三分，下檐单翘单昂台明高八寸。"另有黄签上写有"拟建德晖后照殿一座五间"等，也都标明了主要建筑部位的尺寸。

又如，还有一幅是当年北平图书馆从澄观阁收购来的画样，

排云殿建筑群

名为《颐和园排云殿佛香阁地盘图》,板框 97.8 厘米 × 134.5 厘米,色绘,昆明湖和金水池为草绿色,庭院的太湖石用墨色勾画。主要殿堂用黄色长方纸签标明,码头、牌楼、宫门、配殿、长游廊、看面影壁等,用红色纸签标出。另外还有六张较大的红色纸签和三张黄色纸签。红签上分别写有:"谨拟建修东西配殿各五间,内明间宽一丈二尺,四次间各面宽十尺,进深一丈八尺,周围廊俱深五尺。""谨拟建修多宝室一座五间,改后殿内明间面宽一丈三尺,四次稍间各面宽一丈一尺,进深一丈六尺,外亭后廊各深四尺五寸"。"拟建修宫门一座五间……""谨拟建穿堂殿二座各三间"等。

这些呈请御览的设计图样,都是样式雷规划和绘制,并获得诏准,加紧施工。根据当时《工程作法》等文献的记录,可知光绪十三年（1887年）十二月排云殿修建工程正式启动后，十七年（1891年）六月，"排云殿大宫门前牌楼竖立大木"，"排云殿并两顺山殿安钉外檐装修"。十九年（1893年）三月，"排云殿明间前卷安设大围屏一份，随如意地平宝座一份"，"宝座及殿内铺垫、地毯等物均明黄缎地，石青缎边，各绣五彩云福寿金龙花样"。二十年（1894年）八月，"著苏州织造织办排云殿铺垫、毯等约三百五十六件"。到光绪二十年，排云殿全部竣工。

排云殿的名字，出自晋朝诗人郭璞的诗句"神仙排云出，但见金银台"，意谓处于云雾缭绕中的仙山琼阁正排云而出，神仙即将降临。排云殿前临昆明湖的"云辉玉宇"牌楼上书写着"星拱瑶枢"，也具有类似含意，即这块宝地是彩云与华丽建筑交相辉映的世界，是众星拱卫的天仙驻居之地。大雄宝殿建在一座白玉栏杆环绕的高台上，歇山重檐，朱柱黄瓦，金龙炫目，气势雄伟。殿内设九龙宝座，座后为朱漆底嵌珐琅博古围屏，座旁有一对木雕巨大的金色"寿字"，座前宝鼎排行，彩凤成双，隔扇装饰"万"字不到头的花纹。后间分立着高过真人的"麻姑献寿"塑像。一切陈设都为在这里贺寿之用。

大雄宝殿东西配殿为芳辉殿和紫霄殿。二宫门外的东西配殿为云锦殿和玉华殿。大雄宝殿的后照殿为德辉殿。从正殿的左右耳殿，接连德辉殿东西两端，修建了两道略成菱形的爬山廊，顺阶梯可攀登上山，直达佛香阁的台基。

光绪年间新建的排云殿，比起原大报恩延寿寺，有了很大的变化。原大雄宝殿新建成排云殿，原多宝殿改建成德辉殿。原西侧的罗汉堂改建成清华轩，东侧的慈福楼改建成介寿堂，这两处轩堂都划在排云殿之外了。总之，原来的一座为祝寿修建的供佛的寺庙，改建成为举行贺寿的宫殿。

排云殿的每一座建筑，都是由第七代样式雷规划设计的。

从排云殿攀登爬山廊，便到达颐和园的标志性建筑——佛香阁。光绪年间重建佛香阁，也是由样式雷依旧制重新设计绘图修建成功的。

乾隆修建清漪园时，便在万寿山最显眼的山腰修建了佛香阁。但弘历原先的计划是在延寿寺上方修建一座九级的延寿塔。这有弘历《御制万寿山大报恩延寿寺碑记》中的"殿宇千楹，浮图九级，堂庑翼如，金碧辉映"的记载为证。但当延寿塔修到八级时，弘历改变了主意，他降旨将八级塔身全部拆除，重新建造了一座八方阁，即佛香阁。

佛香阁立样

佛香阁

乾隆为什么拆塔建阁？历来说法不一。一是说，乾隆借为母祝寿而建塔之机，想把西郊的"三山五园"连成一体，但建到第八层时，发现与原来预想效果不符，故而拆毁。二是说，京西一带，历来塔多，为避免塔影重叠，因而毁弃。三是说，近年在城西建塔有坍塌之事，京城西方不宜再建高塔了，否则不吉利。说法歧异，见仁见智。近人却认为，建阁确实比建塔适宜，建塔则塔身细而高，犹如鹤立鸡群，与周围建筑不甚协调。建阁则阁高而稳重，气势宏伟，与前山建筑融洽得体。

光绪年间重建佛香阁，是依旧制在原址按样式雷的设计图样修建成功的。样式雷绘制的《谨拟建佛香阁原旧式地盘画样》一幅，色绘，板框29.4厘米×26.5厘米。画样上贴有几张红色方形纸签，分别写着："谨按原旧式修建佛香阁八方殿一座，八面各显三间，内明间面宽一丈一尺五寸，二次间各面宽一丈，台明高四尺五寸。""周围游廊七十间，进深五尺二寸，柱高七尺五寸。""东西山后上重檐四方亭二座，见方各一丈三寸，周围廊各四尺二寸，台明高一尺，下出二尺七寸。""前后山门各二座各三间……"这张图也是呈报御览的，将佛香阁及周围的游廊、山门和方亭，做出明确具体的设计方案。

另有一纸题为《颐和园佛香阁大木立样》的规划设计图纸，墨绘，板框68.4厘米×52.5厘米。图中精确、规范地绘制了佛香阁横断面和纵立面的剖面图，写明了各个部位的长短尺寸。八角形的横断面图，标明每层楼阁的长度尺寸，明间和二次间的面宽，还写有如下字样："对径七丈四尺六寸，须弥座高五尺五寸，上周围俱安栏杆，外上台基高六寸。"

此外，还有《颐和园排云殿佛香阁地盘图》《颐和园内佛香阁供桌立样》《颐和园内佛香阁斗字匾立样》等多种样式雷设计图纸。

按照样式雷设计的画样，佛香阁于光绪十六年（1890年）开工重建，光绪二十年十一月（1895年1月）竣工，估计用银七十八万两。

佛香阁建在万寿山前山高21米的巨大石台基上，有高峻陡峭的114级台阶可攀登而上。阁高36.48米，八面三层四重檐，顶覆黄琉璃瓦绿剪边，飞檐翘角，鎏金宝刹，雍容华贵，气势磅礴，确实起到了将万寿山周围十几里内的"三山五园"提携统一成一个完美的整体的作用，形成举世无双的皇家园林集群风景胜地。

不仅排云殿和佛香阁，颐和园的其他建筑和景观也都是按照样式雷的设计图纸建成的。如修建慈禧太后的寝宫乐寿堂，是在原清漪园时两层楼的乐寿堂原址重新设计建成的，其依据就是样式雷绘制的《颐和园乐寿堂全部地盘图》《颐和园乐寿堂露天陈设分位图样》《颐和园内水木自亲地盘平样》等墨绘和色绘画样。《颐和园乐寿堂地盘样》是一幅呈进样，全用红笔细线构图，用黄签标明宫殿名，东西配殿分别标出"绿天深处"和"怡情淡虑"。正殿前左右有石座；庭院南部中央有青芝岫巨石，其左右各有花池和太湖石；水木自亲殿前有码头，沿湖及两侧为长长的石栏杆。正殿东侧有值房；九间后照殿的两侧建有净房；院西北角开瓶式门，后照殿以北则是扒山墙和山坡了。

慈禧太后在排云殿前

　　慈禧太后垂帘听政的仁寿殿，是在原清漪园的勤政殿旧址重建的。样式雷绘制有《颐和园内仁寿殿地盘平样》《颐和园内仁寿殿宝座地平图》等多幅画样。《颐和园仁寿殿内檐装修图样》为墨绘，板框44.6厘米×35.4厘米。此图不但标出了建筑尺寸，绘出精致的装饰花样，还在黄纸签条上写着："奉懿旨：花样要玲珑。"明确记载了慈禧太后对宫殿建设的很高很严格的要求。

　　乾隆年间修建的清漪园，没修建完整的围墙，只是在东起文昌阁城关，往北折东沿惠山园以东往北行，西折绕过万寿山北麓，到达西宫门南侧的宿云檐城关止，修建了一道虎皮石围墙。光绪年间修建颐和园时，补筑起了东、南、西三面的围墙。样式雷绘制了《昆明湖添建大墙作法图》，这也是一幅进呈御览的全面修建围墙的画样。新规划建设的墙体，用双道红线标明起讫路线，而原有的北部围墙是用灰线表示。殿阁、河桥、大墙、牌楼、码头等用黄标签注明。河湖涂成绿色，土山为土黄色。这道围墙在西部的走向，显示出将大片西湖水域和治镜阁以及水操前学堂、后学堂即原清漪园耕织图旧址，划在大墙以外。即是说，新修的颐和园比起清漪园来，园内面积大大地缩小了。

在这幅《添建大墙作法图》上，还用四张红色方形纸签，写明了新建围墙的长度，在围墙四周修建保卫园庭的护军所住的堆拨房和官厅等设施的详细情况："万寿山颐和园周围原有大墙凑长五百二十丈，昆明湖新建修大墙一千八百四十四丈，通共凑长二千三百六十四丈五尺。""谨拟外建修堆拨共四十六座，内面九座，东面十七座，西面十二座，南面八座。每座计三间，内拐角二座计四间，每座远近当均五十丈。""谨拟周围大墙外，建修、挪修原有改用官厅计十座。"

此外，还有另一张样式雷画样《昆明湖添修围墙灰线图》，补充了一些辅助工程，如拟修涵洞、桥梁加宽、添修宫门、改修活门等。

光绪年间的颐和园，已有围墙二千三百六十四丈五尺，又有堆拨四十六座，足以保证慈禧太后园居的安全了。但在1905年发生了出洋考察的五大臣在北京火车站被炸的事件，慈禧为防革命党人携炸弹潜入颐和园，便降旨将北面围墙增高三尺。为此，样式雷受命又绘制了《颐和园北大墙补砌增高丈尺平样》，内廷又花银三千六百五十五两，完成了增高围墙的工程。

光绪年间修建颐和园，由于经费所限，有许多清漪园时的建筑景观未能修复。

颐和园建成后，不仅成为慈禧太后奢侈享乐、庆贺寿诞的地方，还是她垂帘听政、卖国媚外的场所。她在这里扼杀了戊戌变法、百日维新，在玉澜堂幽禁光绪皇帝；发出了残酷镇压义和团广大群众的懿旨。在1900年颐和园再次遭到帝国主义八国联军的抢劫破坏后，慈禧又动用巨款再一次修复，继续她在园内豪奢靡费的生活。

民国以后，根据《优待清室条件》，颐和园仍为逊帝溥仪所有，并作为其私产售票开放。1924年溥仪被逐出紫禁城后，颐和园被北平市政府接管，改为公园。

直到北平解放后，颐和园才真正成为人民的公园。北京市政府屡拨巨款，对颐和园进行修缮建设，又陆续重建了清漪园时期的建筑，如苏州街、景明楼、须弥灵境和四大部洲、赅春园、澹宁堂、耕织图、船坞等，使颐和园成为北京市游人最多、最受国内外游客欢迎的旅游胜地。

由我国最著盛名的建筑世家样式雷设计修建的这座体现我国古代造园艺术最高成就的著名皇家园林——颐和园，已于1998年12月2日被联合国教科文组织列入世界文化遗产。这可以使我们告慰于九泉的样式雷了。

样式雷与万寿盛典

单士元在他的《宫廷建筑巧匠——样式雷》一文中写道:"现存雷氏所制图样则包罗万象,举凡宫殿、苑囿、陵寝、衙署、庙宇、王府、城楼营房、桥梁堤工、装修、陈设、日晷、铜鼎、龟鹤、斗扁鳌山灯的切末、烟火雪狮,以及在庆典中临时支搭的楼阁等点景工程都包括在内,均为样式雷承办。"

清代的皇帝,自从康熙帝移住畅春园后,历数八代皇帝均以住园为主,他们的上朝、接见、生活多在西郊御园中。所以在西郊御园周围设有各衙门的办事机构。宫中每年的年例灯彩、烟火、东西陵的祭祖、寺庙的祭祀,自不必说,凡是样子房职责内的,都由样式雷办理。在这些活动中,最能发挥样式雷艺术才华的,要算是承办万寿盛典了。

在住园的八位清代皇帝中,年过60岁的只有康熙、乾隆、嘉庆、道光四帝。另外还有乾隆帝之母孝圣宪皇后,她活了86岁,同治皇帝之母慈禧太后活了74岁。据笔者所知,清代惊动全国的万寿盛典有七次。第一次是康熙帝60岁万寿盛典(1713年),他生于顺治十一年(1654年)三月十八日。第二至第四次是孝圣宪皇后,她在60岁(1751年)、70岁(1761年)、80岁(1771年)举行三次万寿盛典,她生于康熙三十一年(1692年)。第五次是乾隆帝80岁万寿盛典（1790年），他生于康熙五十年（1711年）八月十三日。第六次是嘉庆帝60岁万寿盛典（1819年），他生于乾隆二十五年（1760年）十月六日。道光帝生于乾隆四十七年（1782年）八月初十，卒于道光三十年（1850年）正月十四日，60岁庆典应在1842年，其具体情况不详。第七次慈禧60岁万寿盛典是在光绪二十年（1894年），她生于道光十五年（1835年）十月初十。

在这些盛典中最为繁丽的要数康熙帝的60岁万寿和乾隆帝的80岁万寿了。吴振棫在《养吉斋丛录》卷之十一中，根据王原祁为万寿盛典绘图所录，康熙帝60岁万寿盛典时，从畅春园东清梵寺开始，路经海淀西大街、南大街、南小街（太平庄胡同东口）、双关帝庙、皇庄南折今农科院内西南角百祥庵、东折自农科院南门至大柳树村，向东南经慈献寺、慈寿寺（隆昌）、广通寺、天仙庙、真武庙、高粱桥、西直门桥、过西直门、新街口、西四、西安门、北海团城、三座门、景山进神武门。沿路设61座经坛（全国各界、各省代表人士庆点），经坛设在寺庙内的有43座。沿线所设点景：彩坊121处，旛干133根，过街彩坊49座，演剧彩台45座、榜棚20个、鼓亭35个、皇棚（宗室经坛）10个、彩墙、结坊、黄幛彩坊、彩廊、歌台、龙亭、龙棚、香亭、表棚、灯坊、灯楼、鳌山灯（旧时元宵节或庆典灯景的一种，是把灯彩叠成一座像大海龟的形状，上面结灯悬花张挂六七百碗花灯；一说灯盒）、灯廊、松亭、柏亭、松楼、松棚、松墙、土山、彩桥、彩亭、牡丹园、小花园、荷池、缒棚、献寿台，卫乐器、龙旗、故事台、清音台等，共计点景 600 余处。

乾隆帝的 80 岁万寿盛典是从圆明园大宫门出发。所经路线除从红桥南折清梵寺，从三座门南折经北长街进西华门外，其余路线与康熙帝 60 岁庆典相同。不同之处有三：（一）前者庆典的经坛大部设在沿线寺庙，而后者设在交通要道口；（二）前者庆典全是国内各界代表，而后者为国外使者专设庆坛和戏台（在今 101 中学大门一带），并为金川、台湾山番、蒙古及回部各汗、王、台吉等设庆坛；（三）前者沿线点景多为国萃，而后者点景在沿线设了 21 组西洋建筑小品，并在戏台上"演万国来朝剧"。据记载，在康熙帝万寿庆典时，康熙帝布告天下耆老，年 65 岁以上者，官民不论，男女不论，均可按时赶到京城参加畅春园的聚宴（又

乾隆80岁万寿庆典图

名千叟宴），自康熙五十二年（1713年）三月十七日到二十三日总计参加这次宴请的满汉耆老人数不下7000人。

对于清代万寿盛典这样浩大的工程，其策划和总成者没有高超的技艺和丰富的经验以及各作坊的全力合作是完不成的。在康熙帝万寿盛典时，雷金玉55岁，"蒙钦赐恩内务府总理钦工处掌案"已20多年，其技艺已独树一帜，策划和总成庆典任务非他莫属。而乾隆帝万寿盛典时正值雷家玮57岁、雷家玺51岁、雷家瑞45岁时，其技艺深受乾隆帝的欣赏，所以，朱启钤在《样式雷考》中说他们为"乾隆八十万寿点景楼台工程，争艳斗靡盛绝一时"。

在光绪二十年（1894年）举办的慈禧太后"六旬庆典"，是清代皇家的最后一次万寿盛典。在两年前的光绪十八年（1892年），皇帝即发布上谕："甲午年欣逢（太后）花甲昌期，寿宇宏开，朕当率天下臣民胪欢祝嘏。所有应备仪文典礼，必应专派大臣敬谨办理，以昭慎重。"同时责成礼亲王世铎、庆亲王奕劻等一班大臣总办庆典事宜。

庆典的筹备工作，除为慈禧置办大量衣物、珠宝首饰、宫廷内外进行修饰陈设、庆贺筵宴及演剧庆贺外，一件重要工作就是将庆典时慈禧太后由颐和园进皇宫所经御道两旁，修筑搭建各类点景，"以昭敬慎，而壮观瞻"。

当时第七代样式雷——雷廷昌任内务府样式房掌案。他负责搭建宫内外点景的规划设计和施工，这也是雷家祖传的技艺。

搭建点景以前，先要将街道两旁的铺面房屋、寺庙墙壁等修葺油饰一新。《雷氏档案史料》中，有一本光绪二十年（1894年）三月初二的呈文，题为《西直门外亿禄居西至马厂门止沿途活计做法册》。这是样式雷对沿途修缮工程的全面的详细的调查报告，开列了"沿路两旁临近庙宇、住房、海甸大街铺户及近处各段花墙、土墙、虎皮石料大墙"的数目和尺寸，还具体列举了每项工程的任务和做法。比如需要修缮的瓦房九百零九间，茔地砖花瓦墙一百五十八丈、土房三百九十七间、土墙土板墙七百二十九丈、土泊岸四百二十九丈，还有扇子河楼房一座，小城关楼一座，福寿寺、百祥庵、药王庙、关帝庙、清梵寺、火神庙、五圣庙等庙宇，都要修补垒砌，油饰一新。

如此繁重的工程，承包给李逢源的同茂木厂和马兴的德兴木厂。两位掌柜在联合呈文中写道："窃商等蒙中堂大人派修西直门外亿禄居起至马厂止，沿路两旁庙宇、墙段、住房及海淀大街铺户、临街花墙、泊岸等工。商等遵照吉期开工，按照做法如式修理，不敢稍有草率。遵例保固十年，倘限内除毁如有情形，商等情甘赔修。所具认修固结是实，谨此上呈。"这是承包商对皇家工程做出的具结保证书。

御道两旁的修葺工程进展得很顺利，到六月初，已花去大量资金。两位掌柜难以继续赊垫，便向中堂大人写了一封呈文，说道："各项工程遵照吉期开工，赶紧修理，现有成效，将次告竣。应需用物料繁多，人工尤重，所以用款甚巨。设法赊垫，早已力尽筋疲，万难支持。前已屡请发款，尚未赏批。今因万不得已，而且尾工正在吃紧之际。为此叩求中堂大人台前，俯赐鉴核，垂念商等苦情，赶即全数批发，俾济要工，实为恩便。为此沥恳上呈。"六月十一日呈报，二十一日即获准公领银三万二千五百两，八月二十一日、冬月十五日的两次又公领银三万二千五百两，共领银六万五千两，由两家木厂分得。

以上这两份具结书和呈文的底稿，均保存在雷氏档案资料中。

御路两旁的铺面房屋修葺油饰后，样式雷详为规划设计，将御路划分为若干段，每段都要搭建龙棚、龙楼、经绷、戏台、牌楼、亭座等景物。首先在颐和园东宫门、倚虹堂宫门、锡庆门、仁寿殿等处，都要搭建彩殿、彩棚，例如仁寿殿前搭建一座"万寿千秋筵宴彩棚"。现存有样式雷为此棚绘制的15张画样。在"万寿千秋筵宴彩棚地盘画样"中注明："彩棚一座，面宽十一丈四尺五寸，进深三丈一尺，柱高三丈三尺。前接平台一座，五间通面宽七丈一尺五寸，进深二丈六尺，柱高二丈六尺，柱脚下安套顶石。拟将龙凤灶缸陈设安设地平板上。"样式雷还用彩色精绘成《万寿千秋筵宴彩棚正面立样》。图中注明："殿式彩棚上成做万福万寿花样。彩殿天花用五色绸成做。天花上安设彩做云蝠。四角中安五龙捧寿。天景成做寿字栏杆。活安玻璃槅扇、福寿玻璃槅扇。"另外还单独精绘了彩色的"玻璃天景，天花式样"。原计划这座殿式彩棚建成后，十月初三日皇帝率王公百官在此筵宴，初四日皇后率妃嫔、公主、福晋、命妇等于此筵宴。但九月初六命旨，庆典活动"在宫中举行，其颐和园受贺事宜即行停办"。

为了搭建御道沿途点景，样式雷先做成《由颐和园宫门前至西直门丈尺单》，将这条长三千六百七十丈的御道划分为五十三段。根据各段起迄地点及长度，又绘制成《由颐和园宫门前起至西直门石路两边应设万寿经坛庆祝建设彩棚彩坊长廊彩墙典意图》。此图分为6册，分别绘制由颐和园和园宫门彩棚至楼门、由楼门至大红桥、由大红桥至龙凤桥、由龙凤桥至百祥庵、由百祥庵至倚虹堂、由倚虹堂至西直门的这6个阶段的"万寿庆典典意图"。现在这些墨线勾画的蓝图都完整地保存着。

比如，《万寿典景图》第20号，是"西马厂门东"这个景点。此地位于颐和园大宫门迤东，今西苑儿童乐园迤北一带。此图宽约二尺，长约四尺五寸，彩色绘制。由这幅画样可知：景点东西两侧御道上各搭建一座四柱三间灯坊，悬挂数十盏大小宫灯。路北正中为宽阔的御座棚，棚中央置一龙椅，棚后竖起四根高耸的幡竿。龙棚两侧是光闪闪的灯廊，灯廊外为两座配亭。右前方高台上建一座较大配亭，有双层阶梯可依次攀登，亭前假山，亭下流水。龙棚正前方是一座彩戏台，台两侧各有一座经坛和一座配亭。

这样的点景，从颐和园一直延续到皇宫。沿途共搭建龙棚18座，彩棚、灯棚、松棚15座，经棚48座，戏台22座，经坛16座，经楼4座，灯楼2座，点景46座，音乐楼47对，灯廊120段，灯彩影壁17座，牌楼110座。各类造型各异、色彩缤纷的景点迤逦陈列数十里，精致新巧，争奇斗妍。

慈禧太后这次"六旬庆典"，挥霍白银总数达一千多万两。此时，正值中日甲午战争期间，不久清政府即战败，签订了丧权辱国的《中日马关条约》。北京人写了一副对联："万寿无疆，普天同庆；三军败绩，割地求和，"无情地嘲讽这次"万寿盛典"。

慈禧太后的恶行，理应受到讽刺和鞭挞，而样式雷精湛的建筑和美术工艺，值得借鉴和继承。

（此文与张有信合作——作者按）

雷氏史料小记

样式雷遗存的史料中，除数以万计的画样和烫样外，还有不少文字资料。这些宝贵的资料，有待于逐包逐件进行分类清理，认真进行研究。可以说，每一件都是文物性的史料。研究这些史料，对认识清代政治和经济的实际状况，对总结和继承我国古代的建筑和理论，对研究清代建筑世家样式雷的生活和经验，更好地继承先人的文化遗产，都是很有价值、很有意义的。

在没能进行这样的研究和总结以前，这里只是选取几件我很感兴趣的材料，做个简略的介绍，谈些粗浅的看法。这或许对认识样式雷有些许参考价值。

珍贵的家书

金勋撰《北平图书馆藏样式雷藏圆明园及内廷陵寝府第图籍总目》之《万春园图籍目录表》第27号为"雷家信件二包129件"。如今在国家图书馆善本部的图书目录中标为《雷氏来往函件》。原来的"二包"并为一包,上面写着"124件"。仔细一数,除一些零散字页和断页外,共有各类信函112件。还有一包《雷氏来往私函粗底》,有雷家信函106件。另外在雷氏各类文字纸页中,又有20封家信。这样共有雷氏家信和各类信函238件。

我反复阅读了这200多封珍贵的样式雷家书,其内容除内务府堂档房候召和厂家开会的通知外,全是第六、第七代样式雷——思起和廷昌父子的家书和私人信函。其中思起亲笔书信35封,廷昌亲笔信33封,其他大多是思泰、廷芳等家属写给他们的和经常交往的亲友写来的。

这些信函书写的时间,都在同治和光绪年间。当时样式雷正在清东陵修建定陵、定东陵和惠陵,所以书信是在东陵马兰峪样式房与京城东观音寺雷宅之间来往。只有少数信件是在黄村、承德、兴城等地与京城之间传递。信件全都是靠顺便来往的朋友——大多是在东陵承包建陵工程的厂家——捎带过去。只有一封写给承德避暑山庄的信是由"信报局"邮寄的。这封由"京都打磨厂鸿顺信报局"在同治三年（1864年）八月二十日投递的信件，还有一张回执，上面有填写好的表格，内容是"今收到王宅信一封，顺带至奉天承德县，即行投递，不致有误。此照"，还写明"号资收讫"。回执上用毛笔字写着"送到回票，交雷禹门三爷"。

由于是托人顺便传递，信封的书写方式自然有别于今天的邮封。信皮全是毛笔竖写。信封有的印有淡淡的各式花卉，有的印着篆字"平安喜报"并外镶环形花边。一封思起给廷昌的家信写着"求恒和宝厂各位爷台　带至马兰峪样式房交　雷廷昌收拆为感　雷禹门寄"。有些重要的信件便写明家人"亲拆"，有的更明白写为"内紧要家信"，"家信，外人不必拆看"。信封背面上下封口处书写"封""吉"二字，竖线写着寄信日期"某月某日"。

雷氏家信所用信纸，一小部分是白纸，或横用或直用皆为竖行书写；大部分是八行直格信纸，而且印有淡淡的荷花、兰花、牡丹等花卉，仕女、老翁等人物，花瓶、茶壶等静物的细笔轮廓画。有的花笺上还

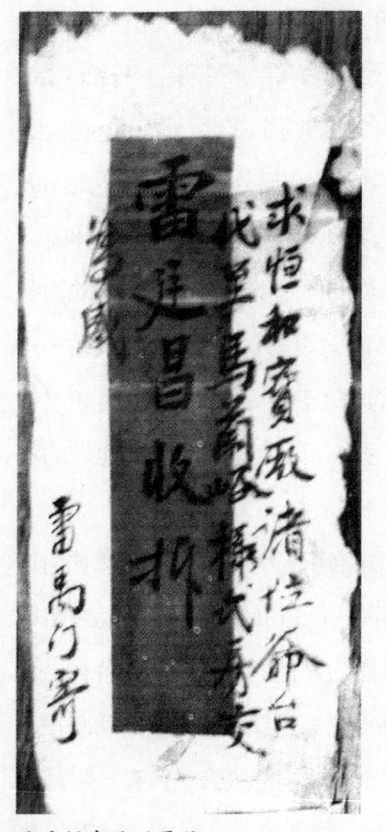

雷禹门寄雷廷昌信

印有文字,一位署名迟学的人写给"雷太老爷"即雷廷昌的信笺上,便清晰地印着"与君臭味本相同"几个字。信瓤一律用黑墨毛笔书写,字迹清楚,笔画端正。家塾徐润斋老师写的行楷端庄丰满,雄健洒脱,不亚于书法家的墨宝。有几封信字迹稍嫌潦草,是廷芳、廷昌写给父辈家信的草稿。有几封长信,是廷昌兄弟从东陵写给居京的长辈思起的,内容是关于建陵中若干具体问题的询问和请示。字行间夹有许多行思起用红墨水毛笔书写的批语,是对问题的解答、更正或训示。信笺上透露着样式雷建筑技艺的熟练与精湛,洋溢着动人的父子之情。

如今遗存的这200多封雷家私人信函,从几个侧面记录了两代样式雷的真实生活,

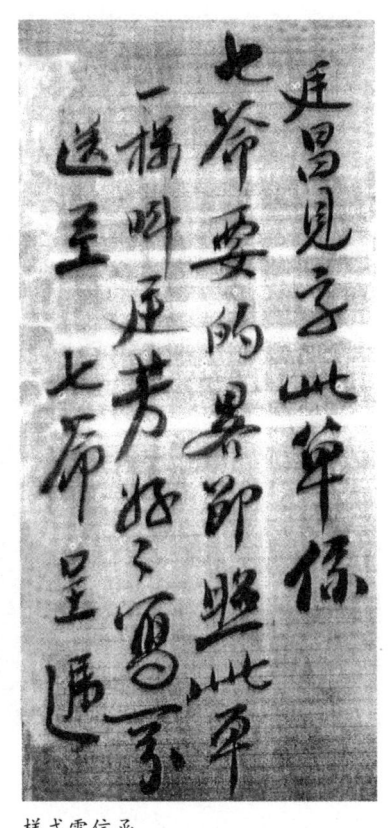

样式雷信函

涉及他们的事业、工作、生活、家庭、交往及其思想品格,是我们了解和认识样式雷和那个时代的第一手资料。

一、有几封信是内务府堂档房候召的通知或厂家关于研究某一问题开会的邀请函件。

在样式房《旨意档堂谕司谕档》的记载中，内务府堂档房"传知"雷思起的函件多不胜数。这批雷氏信函里也有一纸程式化的原件：

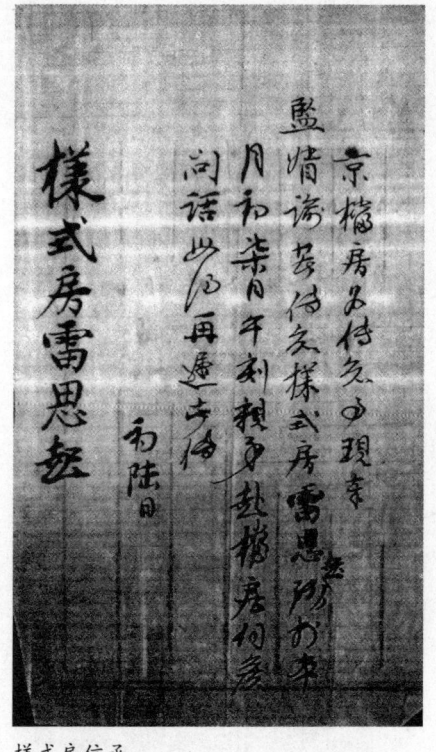

样式房信函

京档房为传知事，现奉监督谕，著传知样式房雷思起，务于本月初七日午刻，亲身赴档房伺候问话，勿得再迟。此传样式房雷思起

初六日

样式房与承包宫廷建筑事务的各厂家交往甚繁，遇有需要商议协调的问题便在餐馆或厂家开会解决。有一个天德厂召集的会议，通知邀请雷思起、陈敬川等7人与会。通知信函内容如下："迳启者：为天富厂之事，定于今日准六点钟，在敝厂会齐。务祈诸位阁下是刻勿吝贵步，早降为祷。耑此布请，书知下转。天德厂具。"这类信函，都是与样式雷宫廷差务相关的活动，记载了样式雷的行踪。

二、样式雷在事业上很顺利，成就很大，得到皇上和修陵大臣的肯定和奖赏，也获得钦赐官爵。但工作中也有不少矛盾和担忧。

思起和廷昌在修陵工地日夜奔波于荒山野岭之间，生过几次病。但皇差不能耽误，只能带病坚持上工。廷昌在给二弟的信中说："兰阳之地，天时不正，工作人等受病无数，苦死矣！如顺便给兄带砂药万金锭并金银去暑丸。包好交恒和带来。"思起在工地受到大臣的关爱也及时向母亲禀报："儿孙等在工诸事吉祥。自七爷到工，待之甚好。每见儿三次问'你腰疼见好？'又问饮食若何，均一一回明详细。七爷谕'现在规模均定妥，你不必多上工。自己将养将养，叫廷昌、廷芳他二人跑跑足可。有紧要事再找你'的话。此爷格外之怜恤

雷献彩致雷廷昌信

也。……儿头疼现好九分，眼红亦好七分，平安，请合家放心。"在另一封信里，思起还向母亲报告了七爷奕谟赏银的事："七爷甚夸说办的清楚明白，均相符奏单，毫无毛病，甚妥当，并且一年办二年之工。……并看儿孙等将现做活计，均画细样染色，层层注明已做欠做，层数均画好三张，交明王爷看妥，说'画得好'，

爷如意，并给银十两。系爷本身赏的，不与官面相干。"王爷单独赏银，说明对样式雷格外垂青，因为雷家是完成皇差的关键人物。

由于修建惠陵有功，皇家要对样式房掌案雷廷昌及样式匠雷思曜、雷廷芳、白廷堃赐官晋爵。雷氏档案史料中有一纸请赏文书，内容如下：

花翎员外郎候选大理寺寺丞雷廷昌请以本寺寺丞不论双单月遇缺即选并赏换四品顶戴

六品衔候选巡检雷廷芳请以县丞不论双单月即选并赏换五品顶戴

监生白廷堃请赏加六品顶戴

身在京师的雷廷芳，先得到"奏准"的喜讯，立时给在马兰峪上工的雷廷昌写去报喜信。在马兰峪建陵的思起父子闻讯后，欣喜无比，思起也提笔给母亲写了回信："母亲大人膝前金安：并叩贺孙廷昌授大理寺丞之喜，并问合家安好。"

同治十二年（1873年）十一月二十六日，皇帝又传旨：雷思起赏二品顶戴。雷廷昌赏三品顶戴。

雷思起父子的事业虽然一帆风顺，颇得皇帝赏识和朝廷大臣的器重，但官场的险恶和人际关系的盘根错节，还是令样式雷家提心吊胆，处处谨慎小心，预防不测。塾师徐润斋在给"雷大老爷"的信中，教给他为人处世的原则："早晚谨慎，官差宜勤不宜怠，衣食宜裕不易减，共事宜和不宜生，则获无疆之福矣。"雷思起对他的顶头上司的刁难有所警觉，也只是谨慎从事，不敢显露不满情绪，以求得自身的安定。他在给廷昌的信中写道："现今之事，各厂与前上次不同，不必抬杠。咱们留神，菩陀峪工头各有私心。凡事只要自己之差不错尺寸高低要紧，防备有人走线。景大人安人暗中探事打报。自己细心了办自己差事，别事不可多管为上。"思起在给五弟、七弟的信中说："文大人之事，兄并未有敢不合。现今好在京中二位王爷允准撤高，则咱脸面不大丢人。现今文大人来工，兄多留神小心，和气当差是自己本分，断不敢无知。五弟、七弟放心，并将此节禀知老太太放心，合家不必多惦。"在修陵现场，景瑞安插亲信对样式房进行监视，搜集情报；而思起的建筑方案又遭到文祥的责难。幸亏京中奕䜣、奕谡这二位王爷"允准撤高"，才解决了矛盾。这样，既维护了雷家自身在建筑行业中的权威自尊和颜面，又不得罪顶头上司，还委曲求全，不敢与文祥闹别扭。思起教育廷昌也是信守这个原则。这是为皇帝、皇后修建陵寝，最要紧的是维护皇家陵寝建筑的基本规制，绝对不能通融改变。至于一些具体的事项，要听上司的指示，不要与之顶撞、较量。他给儿子的信中写道："今来字，再给一个老主意：咱们之差，全是平子不错，合溜不错，各院当不错，两处平正一样高低，尺寸不错，券内层次不错，各座不错，不歪不斜，别的就无沉重。除去这几宗之外，就不甚要紧。改办有人出主意，咱们拦不住。顺情说好话，事事要必曲，不算丢人。耐守为上。现在天年，好人多磨障。你要宽宽心，不作意，不理他，不较量。无非对付一月，各自一走为上。"

思起还给廷芳写过一封类似的信。全文如下：

廷芳见字：今问之事俱在来信上注明，千万不可犹疑。与你大哥合意商办，不准任性更改，千万千万。郭六伯如有办的不是，千万不可依从，要紧要紧。

官事不敢随便更改。如真不能做，与各厂商议，暗地说好，必回明监督，不准含混了事。日后沉重太大，吃罪不起。千万千万。你总要听我话，万不会错。

奏明在案，王爷大人尚不敢改，何况咱们。你要立定主意办事。如其不然，急给我带信。此事小心在意，心照不宣。

伯禹门字

一切都必须按照上边的规定办事，即使是样式房的长辈郭六伯的错误意见，也不能随意依从，必须向监督讲明白。思泰也给廷芳写了一封信，教导他要随伯父认真工作，用心学习："你在工学习差务，随你伯父当差，要诸事竭力尽心，尽力而为，万不可不尽心。至嘱至嘱。当办之事竭力用心，下功夫学习，万不可一了而过。总要吃亏让人才能学好。陵上一切工程尺寸要记心下功夫，以免儿伯父生气。慎之，慎之。"

三、雷氏信函里有很多处理家庭内部事务的内容，反映了家庭生活的各个方面，经济收支、生活水平、亲眷关系、健康状况等。说明样式雷的家庭生活水平是比较高的，家庭内部长幼有序，尊老爱幼，互相关心体贴，关系比较融洽。

雷家的经济收入比较充裕，除去从样式房领取俸禄津贴外，还因承办建筑工程而从商家支取报酬。思起的五弟思泰便在一封信里通报："惠陵的，八月廿三日取来祥茂松花银一百八十八两；

惠陵的，九月初一日取来恒和元宝银一百八十一两四钱二分；普祥（峪）的，九月初一日取来恒和元宝银六百一十七两六钱。九月初三日，弟上天和厂王二爷手取来银票松花银三百两整。"可见雷家与厂家的经济来往是很频繁的，数额也不算小。

但是家庭富裕并不等于每个人手里可花的现钱很多，也不是每个家庭成员都很有钱。廷芳曾给伯父思起写过一封信，说廷昌的每月津贴"只可添补应穿单衣，无余钱往家内带。现在他家内拮据，他亦向侄言过家务艰难"，希望"伯父大人暂周全他一步"。思起在此信上有两条批语："每月家中送钱二十吊""又付钱五十吊添衣裳"。看来是父亲给钱解决了廷昌小家庭的困难。

雷思起和廷昌、廷芳经常在东西陵上工，但对家里的生活安排时常记挂在心，连买米买面的事都要过问。思起在写给母亲的平安家信中，除禀告"在工诸事平安，差使不忙"外，还叮嘱"家中所存高老米无多留存着，五弟再买中老米五六百斤，将伏地好小米买二三石，煮二米饭也可"。

母亲挂念子孙在东陵当差，经常捎信催促回京城家里探望。雷思起若不能回京，必定写信解释，以免老人悬念。他在一信中写道："儿本意接信先回京……儿若进京，又恐廷昌办不清。为此无法，只得多待十日，一同返京。则儿等可了全官差，不孝之罪又愧心也。"在另一信中也耐心解释推迟回京城的原因："儿等现在黄差赶办各样并工上各差，昼夜不闲。二十五六日，七爷所派之差方能完竣。王爷、大爷三十日回京，儿孙等随急后亦起身进京，初二三日必可全到京。为此敬禀。"家信中还经常通报健

样式雷信函

康状况。若有家人生病,则告知求医吃药情事,以使远方家人放心。

谈到家庭内部关系,有一个家族内引人注目的矛盾。即雷思起有一位远族堂兄雷思跃及其子廷栋,同在样式房当差。20世纪30年代《北辰画刊》刊登了一篇陆伯忱的短文《雷氏同族争工的短札》,公布了一封署名"叔"写给廷昌的短信。短札全文如下:

廷昌见字:我耳闻此差(按指普祥峪定东陵工程)派天和、恒和承修,算房姜仙舫,样子廷栋。又耳闻钱粮数在六七十万两,侄赶早出去打听,见见五爷。万一派你更好,不然恐日后咱们差使他人当上。至嘱至要。

再启,日后如大陵下来,恐其廷栋当上,咱就将差使乏了,更要紧。

此时万不可乏了道路，恐日后差使难回来。大要紧。

叔　具

写信人"叔"可能是五叔思泰（或七叔思淼）。思泰要廷昌去见见五爷，这五爷是道光帝第五子、惇亲王奕誴。奕誴和景瑞为钦派勘察定东陵的大臣。要想承包定东陵工程，必须通过他们。思泰唯恐此陵的设计和施工差务被思跃父子单独揽走，听到风声便给廷昌写此短札。实际上此差不会旁落他人。作为样式房的掌案和帝后陵寝的设计权威，不通过思起、廷昌父子是不可能的。思跃父子确实想承办定东陵工程，但内务府景大人却传谕要廷昌"速办"，还说："雷思跃既然在惇王爷前应承此差，今日为何不进内听谕？竟敢任意误差！"样式房《旨谕堂司谕》光绪元年（1875年）四月初六日记载："醇王爷、魁、翁、荣大人看图折。爷谕：雷思跃撤去，添派雷廷昌。回明郭成治、白廷崑。"看来思跃确实走过惇王的门路，最后还是被醇亲王奕譞撤掉。定东陵的设计和施工仍由雷廷昌主持。

虽然有此"争工"波折，思起、廷昌父子与思跃、廷栋父子之间的工作关系还是比较融洽的，合作得不错。这从他们多封往来信件中也能得到印证。这里有一封"雷见奎（思跃）拜求，烦恒和宝厂众位掌柜带至东陵，交样式房雷三弟（思起）查收"的信件，内容是："三弟台：由京至陵一路平安。兄定于本月廿八日上陵。神机营二十七日清早传有面回事件。七爷交下隆福寺暂安殿画样一张，画得交请王爷大人看过之后，八月初旬兄在定上陵。弟上工诸事分心可也。千万千万。"思起也曾写信给廷昌和廷芳，要求他们要与廷栋团结互助，搞好样式房的差务。他说：
"廷栋诸事细心，与你兄弟三人和气一心办工为是。"当思起、廷昌回京时，建陵工程遇到一系列难题，廷芳和廷栋联名给思起写了一封 5 页长信，对不能决定的事情——请思起解答。思起在原信字行间用红笔写了 30 多处批语，或肯定或否定，注明解决办法，标出建筑尺寸长短。有的问题必须请示，有的需要协商，不可随意决定。如："此款此次未入奏，咱们听王爷示下。""你必得与各厂合心商量方是办公之行。不可任意。""要斟酌，不可含混了事。"思起对廷栋与廷芳同样看待，谆谆教诲，传授技艺，说明两家的关系是不错的。

四、样式雷由于有较高的俸禄，又在皇宫承办装修工程，家庭收入比较丰厚，有余力去购房置地、开办钱庄店铺，经营生理，发家致富。

位于西直门外的同义钱铺，就是样式雷与东西里村刘印、刘瑞林兄弟合伙经营的。雷廷昌经常从同义取钱使用。装修海淀旧居时就从同义取出 100 吊。我还见到一张廷昌亲笔写给同义钱铺掌柜取钱的信函："白、杜二位台启：今来人上铺凭来字取现钱票三百吊、现钱一百吊。交来人手带回，一或铺中派人送来也可。等用，付家用来往账。雷辅臣具。"廷昌还有一信给白、杜二位，要求他们尽快催要借款，口气严厉，责成他们开列出讨债计划，颇有责备之意："白、杜二位掌柜台知：迭次来信催要出放各铺借项，以备铺中公事。至今两月有余，未见未闻二位如何办法！何铺还了多少？何铺还一半是不还？二位见信详细开一单来。为此达知。"后来，经管账目的王掌柜突然去世，廷昌与店铺同仁写信给刘印及刘大奶奶、刘瑞林三位东家，速来京城商议处理办法。信中写道："因铺中无主事之人，急请三位务于二月内来京，雷、刘二东面议铺中票存，内欠外、外欠内各项账目应如何办法之处等。三位来京，大家公商办理。每天无买卖，吃使过重。千万二月内来京。"不知为何，同义钱铺还吃了官司。龙剑堂雷家写信给东陵工地的雷思起，通报有关情况："同义之事，现今北衙门未传，如有日过堂，是何口供，再寄信来。"

雷家开设的粮店、杂货店等，取名多用"龙"和"聚"字，大概与龙剑堂的名号和祖茔在巨山（聚山）有关，如巨山村的龙聚泰，清河镇的龙聚长，还有龙聚永粮店等。龙聚泰油盐杂粮店是雷廷昌与柴玉荣联合投资二万一千吊，在巨山村开办的当村最大商家，廷昌占7股中的5股。为清河龙聚长的掌柜徐二拖延追回借款之事，雷思起在半年之内5次写信给五弟，要求他催办。先是说徐二不是好人，丧尽天良："龙聚长之事，正月内我所说断之话，你们看不到，仍以徐二是好人，尚以好心待他。去年他的改变，净知使钱不求安。现今一节光景，外欠外借并无归还一文。他决不伤他亲友，天良丧尽。五弟速催，叫他急急归款。千万千万。"廷昌还写出主要欠款人名单，包括"徐二本身欠银百两"，"速在大秋内还"。廷昌多次催促五弟思泰办理，未见收效，便决定自己亲手去办。他在家信中说："清河龙聚长之事，前者我言徐二丧尽天良。去年我写帖上所言各款，他就应该有回话，方是买卖人心地。去年倒使一千三百吊，心术坏了。今正徐二所言一切之话，并交代清单，并写辞帖。俱是混账！至今四个月，与正月所言全不对。毫无音信，竟自不理。今来信问弟台，有何意见办理，正月内所言各欠款必可归进？到今日并无一款。今日来字问弟，徐二有何回话，速给我一回信。如俱不成，月内我进城自己办理。"关于龙聚永粮店之事，廷昌委托七弟思森办理，并通报秋粮灾情，嘱他妥善经营。思起写道："龙聚永的事，叫老七诸事尽心。留神买卖中毛病，可交则交，亦不可多贪。刘老大年期必有一辞，不能不早防下主意。现闻得开外离京五十里外，晚禾均受霜灾，晚玉米、荞麦无收。东陵东南楚头岭一带方圆四十里，均受八月初雹灾，均无收。今年后秋冬粮价必大长，不可不虑。"廷昌办有木厂。有位经营木厂的邢云川老闆，因本厂架木不敷使用，还向廷昌借过一百根，邢给廷昌信中说："奉恳阁下将宝厂架木借用一百根。俟工程告竣，再如数奉还。"

雷廷昌似乎还在十多家店铺有股份。他在写给五弟的信中，要五弟督促家人到各个店铺"催要现月"取款。他列出了以下店铺的名字：帝王庙纸铺、永合木厂、天丰木厂、甘石桥北草铺、广隆切面铺、聚隆斋桶铺、羊市马掌铺、永盛杠房、永裕杠房、公用库碾房、天顺木厂、全振兴估衣铺等。此项还需有更确实的资料予以证明。

五、样式雷在内务府当差，以其祖传建筑技艺和掌案职位，牢牢地掌握着样式房的差务，又蒙钦赐官爵，备受皇家礼遇，在政治上经济上都处于较优越的地位，自然少不了亲友登门请求帮助。雷家信函里反映了许多这方面的情况，有求推荐肥差和说情求职的，有为建房、修坟请看风水的，有亲戚借房暂住的，甚至有借车马用的。周凤岐给廷昌写来一信："辅臣大哥大人阁下：弟今闻崇文门监督钦派礼亲王、文大人二位。弟有知己张鹤亭，祈兄将伊荐与文大人处，恳求赏派验货执事方好。"崇文门税关是京城闻名的肥差，验货执事也是能发财的岗位，有人便想依仗样式雷与官场大员熟识的情面，捞取好处。思起的姻弟刘士英，想谋取报子胡同张宅学馆的职位，也写信请他说情"周全"。有一位福姓朋友，经雷廷昌举荐，得以在东陵样式房谋得一差事。陵工即将结束，便又写来一封信，请再给以安排，以谋生路，其渴望求助的心态跃然纸上。此信是"由兰阳工次样式房拜恳"，寄至东观音寺"龙剑堂雷大老爷升启"。信中先回顾了被廷昌任用的经过："福由去岁二月间任事，原以为仆事主，幸蒙破格录用，不以仆用，而有意提携。福深感厚情之万幸矣。"继而表达了感激之情，又提出谋求新职的请求："今届大工不日告竣，福自揣人多事浮，并福无能，顷心愿久侍恩上，耐不肯以仆相看，而无功受禄，寝食何安？当以效犬马之劳以答恩厚。福之家计凋零，虽人口聊聊，而无隔宿薪米。日不进分文，焉能赋闲？尚赖恩上提拔，叩求极力推荐，谅其才而做其用。无论京外，必竭力，不致伤其面目。俟后稍有发计，以期报答于万一耳。不但福感恩深，福全眷慕名感激已极矣。"信末称赞样式雷"忠诚济世，孝悌传家"，好话满篇，就是为了继续获得一个能养家糊口的职位。廷昌还给东陵样式房白廷堃写信，请他为一位李姓朋友安排工作："今有与侄相好李星斋，如到千万白六伯照应，留住在公所。

教石根晚上同上祥茂去见。（如）上工不行，李星斋在样式房浮伴也可。等我去再说。如有写字之处，着李星斋帮忙写写也可。"白廷堃写来回信，说："至于李星斋之事，余于三月十一日送伊上工，现派管略节，甚好。"但雷廷昌也不是对所有的求职者一律有求必应，也有断然回绝的时候。他在同一时期写给白廷堃的信中，就拒绝为家人王二安排任何差事："如家内王二来，千万不准给找事，千万。老伯不准王二在此住宿，叩托叩托。此人天良不好！"廷昌此意不愿透露给外人，嘱咐收信人"看完入丙丁"。但白廷堃并未将此信烧毁，而使之流传至今。

谋职就业是人生中的大事，即使日常生活中的困难，到样式雷家求助的人也不少。有一位署名"难侄菜全"的人，写来一封求援信："今入冬以来，身无棉衣，饥饿难（耐），命在旦夕。今据字叩求姑夫、姑母大人发慈悲之心，将侄儿收留府上赏碗饭吃。或赠侄棉衣、路费上广东寻我家母。"还有一位外地的"张羽平妻"是个寡妇，请求雷家将儿子长明收留，给予生活出路：长明"在贵府至今已去月余"，"万分焦灼无奈，乞雷先生怜济，借给白金五两，即令小儿长明同妥靠乡友持银来家，略了家务。十数日，仍然令其去京。拖累雷先生大人照拂。幸勿抛弃是荷。为此敬候福安。千万千万。"雷家自然会继续给以帮助。廷昌的姻侄徐炳宸，家中有人死去后，有几口人得了"异症"，犯病时闹神闹鬼，便认为住宅"不祥"，要合家迁出避灾，向廷昌写信借用天富后院房屋居住。还有一位名叫正肃的外甥，请求"辅臣大舅大人……允借尊马一匹"，要在端午节出门，也写来借马的专函。

这种求助的信函有十来封。说明样式雷经常对那些生活上遇到困难的亲友，给予具体的帮助和支持。雷家的人际关系是很不错的。

样式雷这 200 多封珍贵的私家信函，是一批难得的文物和有价值的历史资料，不仅有助于我们了解样式雷和清代晚期的时代和社会风貌，同时对我们更深入地认识北京和海淀的地情乡情，都是十分有益的，希望能得到重视和更深入的研究。

一道褒奖懿旨

光绪三年（1877 年）九月二十八日，慈安和慈禧皇太后发出一道懿旨，褒奖修建惠陵工程的出力人员。样式房掌案雷廷昌、样式匠雷廷芳兄弟名列其中。

惠陵是清同治皇帝载淳的陵墓。此陵墓是在他 19 岁病死后紧急修建的。光绪元年（1875 年）二月，载淳生母慈禧以及慈安两太后降旨，命醇亲王奕譞等相度陵址。按乾隆帝制定的昭穆兆葬之制，同治皇帝的陵墓应建在西陵，但是两太后最终却选定了东陵双山峪为"万年吉地"。此陵墓工程于光绪元年四月开工，派醇亲王奕譞负责，由魁龄、荣禄、翁同龢等重臣承修。至光绪三年（1877 年）九月竣工，历时两年零五个月。惠陵建成时，奕訢请求褒奖施工人员，"八月二十九日，军机大臣奉旨准其保（褒）

奖"。奕䜣在呈报请奖名单时写道："惠陵工程自光绪元年八月开工以来，甫经三载，规模已备，该监督、监修等或在工监察工作，或在京档房办理文案、综核钱粮，均能无间寒暑，竭力殚心。俾典礼所关，同时并举，诚能于迅速之中倍求安慎，实属异常出力。现蒙准保（褒）奖，仰见圣恩优渥，不没微劳之至意。……臣等谨将在工监督、监修、办事员、书算人等，并承修商人，谨缮清单恭呈，仰恳皇太后恩施俯赐奖励。该员等感戴鸿慈，自必益加奋勉，而臣奕等督办要工更得指臂之助矣。"奕䜣所列名单中有："样式房大理寺寺丞雷廷昌，拟请赏加员外郎衔；监生雷廷芳，拟请以巡检选用。"

光绪三年九月二十八日，内阁钦奉慈安、慈禧两太后懿旨："恭亲王奕䜣等奏遵保在工出力人员并案请奖一摺。此次恭办惠陵工程，经恭亲王奕䜣等督饬，派出监督、监修等，敬谨将事业于本年七月间将金券合龙、隆恩殿上梁，悉臻巩固。所有在工各官员等，著有微劳，自应量予恩施，以昭激劝。……大理寺寺丞雷廷昌赏加员外郎衔，监生雷廷芳着以巡检选用……"

雷廷昌作为第七代样式雷，他靠认真学习祖传的建筑技艺，靠熟练精湛的设计施工经验，靠他对皇家园林和帝后陵寝所做出的独特贡献，牢牢地占据着样式房掌案的职位。但雷家也重视官职和功名。还在廷昌授大理寺丞时，他的父亲雷思起便立即写了一封"龙剑堂平安家信"，向全家贺喜："母亲老大人膝前金安，并叩贺孙廷昌授大理寺丞之喜！并问合家安好。"惠陵将完工时，就有申请书呈上："花翎员外郎候选，大理寺寺丞雷廷昌，请以本寺寺丞，不论双单月遇缺即选，并赏换四品顶戴。"当雷宅闻讯皇太后诏准后，廷芳便写信给正在马兰峪陵寝工地的廷昌："惠陵保举一事，于二十八日奏准。今带喜信：大理寺寺丞雷廷昌，着赏加员外郎衔；监生雷廷芳，以巡检选用。为此特禀。"后来，雷廷昌授布政司理问衔时又收到了捷报："贵府添喜：雷少老爷，官叩廷昌，今因急公好义，捐输请奖。蒙皇恩特授候选布政司理问，并捐加二级。恭请五品诰封宜人。为此报闻。喜报人：连升。"雷宅得信后，合家也为之兴奋不已。

不论是捐输请奖，还是修建陵寝和御园因功获奖，雷廷昌在事业上，在功名上，都是一帆风顺的。

一幅御道略图

关于御道，我早有所知，不少古籍中也有零星记载。那是康熙年间皇家修建的从西直门过高粱桥，穿过海淀镇，直达畅春园大宫门的一条石板辇道。雍乾年间又与圆明园、清漪园等皇苑连通。几十里长的路面要用整齐的长方形石板铺垫，自然要花费巨额帑银，故有"一尺道路五两三"的京谚。

但是我在翻阅古籍时，有几个关于御道的疑问，一直困惑在心，得不到准确的答案：

昔日御道两侧每隔一二里地要设立一座堆拨，以保护御道和皇帝后妃的行路安全。这些堆拨被称为头堆、二堆以至八堆。它们具体在哪些地点？

英法联军火烧圆明园，海淀老虎洞的石板路都烧红崩裂了。老虎洞也有御路吗？通向什么地方？

通向圆明园大宫门的石路，是怎样穿过扇子湖的？如果是正南正北走向，为什么扇子湖中没有一点遗迹？

我在翻阅样式雷史料时，意外地发现了一张精确的御道略图。这使我的困惑迎刃而解。

关于八堆的位置。头堆位置最好确定，在今北下关高梁桥以西二里许，有个头堆村，今名仍存。往西在石路北折处路南即二堆，与路北的慈献寺隔路相望。三堆在寺北路东，与路西的大柳树村相邻。四堆在石路西折处路东，紧挨骆驼湾（骆驼泊）。再往西是福寿禅林，路南即五堆。石路过关帝庙即再次北折，过石桥路西即六堆。再往北路东的七堆、八堆仅距一里远，八堆东北方即药王庙，快到黄庄了。

关于老虎洞的石板路。从御道略图上看，这确是御路的组成部分。从海淀镇的西北角西栅栏往东，经过老虎洞，从东口顺娘娘庙街往北，在娘娘庙西南角呈半圆形绕过北海淀和集贤院，与龙凤桥北去的御道相接。御道在此处多绕出一个回环，因为这里有许多王公大臣的宅园，就连样式雷的祖居地也在这条石路旁。

关于通向圆明园大宫门的石路位置。样式雷的略图上画得一目了然。石辇路穿过虹桥往西并不像现在这样笔直，而是在扇子湖西南角向北拐了个弯，然后西行直达颐和园门前的影壁。石路从扇子湖中间斜穿,沿湖北岸西行,与通向藻园门的石路相接。湖北岸有一条直通大宫门的南北向石路。湖东岸有石路直通福园门。湖中间的石路还向南延伸,通向畅春园的西北门。

如今这条昔日的石板路,都变成了柏油路,大体还保持着原来的走向。只是随着城市建设的发展,已经有了很大的改变。长期以来作为海淀进城的主要通路已改走白颐路,现在更名中关村大街了。原先铺在路面的石板,在1959年中华人民共和国成立十年大庆时,经过上百名石匠夜以继日的劳作,一块块重新凿平,全部铺设在天安门广场了。

一册古诗抄本

样式雷史料中,有一批雷思起和雷廷昌亲笔书写的小册子。有些是他们自己的创作,属于建筑经验的总结,或关于某一专题的论述,如《雷氏修造破土法》《雷禹门看坟茔风水法》《雷氏符咒治病及针法》等。有些则是他们亲手抄录的,或是为了学习和借鉴别人的建筑经验,或是为了汲取他人的生活经验,或是为了学习中国的传统文化,如《鲁公输祖师秘录按门诀序》《风鉴山川地理点穴法》《八股文法册》等。还有一些是样式雷工作和生活的记事簿或账本,如《海淀收什房工料账》《白事账》《三槐堂记事簿》等。这些史料,对认识清代样式房的工作,了解样式雷的经历、生活和思想状况，都是非常难得的材料。

有一册古诗手抄本，从字体上看可能是雷廷昌手抄。这本诗册共有32页，每页5行，每行两句，共抄七言4行诗或8行诗55首。其中有的是七言绝句或七言律诗，有的则是七言古诗。每首诗都不抄标题，也不署诗作者姓名，只在每首诗始句上端标明顺序号。字体为行楷，笔画清晰，俊秀端庄，规格美观，颇见功力。

50余首诗的内容，有少数几首是广为世人所知的唐诗，如王昌龄的《芙蓉楼送辛渐》："寒雨连江夜入吴，平明送客楚山孤。洛阳亲友如相问，一片冰心在玉壶。"贺知章的《回乡偶书》："少小离家老大回，乡音无改鬓毛衰。儿童相见不相识，笑问客从何处来。"多数古诗的内容，类似《名贤集》中那些通俗易懂的关于为人处世、修身正己以及人生哲理一类的诗。这些诗符合样式雷对社会和人生的观察、体验和看法，是他们为人处世的指导思想，是可以当作座右铭看待的。其中较为突出的是以下几种：

一种是表明关于功名利禄观点的诗。这些诗符合样式雷的社会观和金钱观。如手抄本第15首："苦读诗书二十年，乌纱头上有青天。男人要登凌云阁，第一功名不爱钱。"第24首："人间富贵花间露，纸上功名水上鸥。识破事情天理处，人生何必苦营谋。"其他如"锦衣玉食风中烛，驷马高车水上波"；"财能义取天加护，忍气兴家无祸殃"；"人为贪财身家丧，鸟为夺食命早亡"等等。对功名利禄不能苦心营谋，追功逐利；财可义取，不能贪求，不能唯利是图。

另一种是关于人间善恶的看法为内容的诗。如第17首："湛湛青天不可欺，未从举意神先知。善恶到头终有报，只争来早与来迟。"其他如"善人不做恶人事，恶人难结善人缘"；"今人不敢比圣贤，处世总以善为先"；等等。样式雷信奉"善有善报，恶有恶报"的传统说法，为善作恶总要暴露在世人面前，作恶人不能永远隐瞒下去。为人处世总要以善为本，以善为先。样式雷正是以这种善恶观来指导自己的生活和行动的。

还有一种是关于谨言慎行、防人避嫌为内容的诗。如第20首："逢人且说三分话，未可十分尽吐真。不怕虎生三个口，只恐人怀两样心。"手抄本首页为空白页，也抄录那首关于避嫌的诗："君子防未然，不处嫌疑问。瓜田不纳履，李下不整冠。"其他如"胸中有志休言志，腹内怀才莫论才"；"知事少时烦恼少，识人多处是非多"；等等。这些诗的主题很明确：世间的事物是复杂的，人际关系也是错综复杂的，人们应当防患避嫌，明哲保身，谨慎小心，少管闲事，少惹是非。

雷廷昌喜欢这些古诗和古训的内容，把它们整齐地抄录下来，处处时时指导和约束自己的言行，以较好地处理人际关系，免遭恶人暗算，失去立锥之地。他曾表示，要"将利心退净，为公而当差"。他给五弟写信时说："兄多留神小心，和气当差是自己本分，断不可无知。"他甚至提笔自诫："廷昌你说话要谨言，三思而行。"

这册古诗手抄本，不但是雷廷昌学习古代文化、自诫自律的读物，还是他教育后代的课本。诗册上有多处另一种较稚苴的笔体写就的批语。在写有"苦读诗书二十年"那首诗的册页空白处，有一段批语："诗书种田，根本也。当差做官，为管家门德性而已矣。"署有"雷献春书"。同一字体还有一些批语,如在"僧道尼姑休来往,堂前休叫卖花婆"处,有眉批"大实话";在"不怕虎生三个口,只恐人怀两样心"处,有眉批"诚哉是言也"。这些批语表明,廷昌的教子读物对他的儿子献春起了处世的启蒙作用。

一本白事账簿

这是一本由雷廷昌亲自笔记的,他为几位儿女办理丧葬事宜的账簿。账簿封面题为"白事账,光绪二十九年二月二十九日,献槐姑娘大事"。二月二十九日,是廷昌的二女儿雷献槐去世的日子。

雷献槐生于光绪甲申十年(1884年)八月二十五日,"因国变乱,逃避受尽苦处,经忧成病",不幸去世。二女儿病殁,廷昌极度伤心,痛爱至极,夸奖这位不满20岁的孩儿"品厚德重,至孝长存,心宽性孝,志大品高,敦品贤德。由八岁至二十岁以至临死之时,孝父母,言听训从,侍父十五六年如一时的尽心尽孝,出于自然心性"。

廷昌完全按成人的礼仪为献槐办理丧事。二月二十八"接三",三月初二"一七",初六出殡,停灵12天,隆重接待本家和亲友吊唁。花银五十两高价,购得一口杉木金棺。花银二十六两,雇佣一整套送殡所需的执事、幡旗、鼓手、响尺、引伞、拨衫、棺罩等，由24名杠夫将金棺抬出西城宝禅寺大街，出西直门直奔巨山村祖坟。送殡队伍有红轿、小轿、马车等长长的一列，乘坐着老爷和二位太太、大爷和大奶奶、三爷、五爷、六爷、七爷、彬姑娘、吴二爷、溶贵爷等，说明合家对丧事的重视。

献槐葬于祖坟阳宅南侧新开辟的一块坟地上。这里还葬有吴氏太太和一位少奶奶。包括新坟地、阳宅和宅西土地，共28亩。这块地在道光二年（1822年）由蒙古族法齐贤阿和瑞呈叔侄，典给了满族人福员外郎，后为雷家购买，修建了阳宅，还留有20多亩空地。其中宅南六七亩地开辟为新坟地。新坟地还埋葬了廷昌的另外两个儿子，乳名八十儿和九十儿。

八十儿的大名叫雷献震。生于光绪二十一年（1895年）五月二十九日，二十八年（1902年）六月初五"因天时大瘟一时之症，至九点钟亥初身故"，年仅8岁。廷昌为他置一口松木小汉棺材，由8名杠夫、一伙单尺、6名送殡鼓手，送葬至巨山，葬于新坟地西南角。廷昌悲痛地写道："此子心灵命大，性孝母。我无造化也。"九十儿卒于光绪二十五年（1899年）九月二十二日，年仅二岁。廷昌说"此子心灵性孝，志大心高，我无福也。葬阳宅后正中。"即葬于新坟地南端，二姑娘和八十儿坟墓中间。

廷昌还在《白事账》簿上画了一幅28亩地草图，标明了姐弟三人和吴氏太太、少奶奶埋葬在新坟地的地点和阳宅院墙、大门、房屋的布局。

另外，廷昌在《白事账》簿上又补记了雷献光的丧葬情况："长子献光,少亡,葬聚(山)小坟地。癸山丁向。至光绪二十九年四十三岁。"

一份房产草图

雷宅购置的房产到底有多少处?在雷氏史料中,一份《城内外各处雷宅置房产图五十处》,揭开了谜底。

这份简略的草图,以直线代表街道和胡同,以方块代表房产,清楚准确地标出了雷家购置50处房产的位置。这使我们对雷宅的殷实富足,增添了新的材料,有了更加具体的认识。

雷宅的房产集中在京师西城地区和西直门、阜成门内外。这50处中有30处集中在今天宣武门至新街口这条南北大街及其两侧。这些房产大都出租给商家开办了各类商店。它们具体的分布情况如下:

在宣武门内大街路西有一个桶铺;绒线胡同路南有远香和元盛;路北有永顺裕。西单北大街路东,由南往北依次是广隆、冥衣剃头铺、达泉、同丰和、天德、天兴、头发铺和苗公道;路西则有广盛和丰隆裕。西四南大街路东有时惠堂;西四北大街路西有天丰和涌源。新街口南大街路东有太和成和万义,路西有泰山。

在这条纵贯南北大街的两侧:东侧的西安门大街路南有兰英和广茂;西侧从南往北,劈柴胡同路南有长裕,丰盛胡同路南有裕顺粮店，阜成门内大街路南有金牛、天保、永盛、万盛、永丰斋和洪顺，路北有荣公、合顺炭铺，宝禅寺大街路南有光玉局和义长泰，路北有公盛斋和裕丰。

这条大街的西边，东观音寺雷宅附近还置有一些房产。北沟沿大街两侧有永盛、永裕、天顺、宋二和雷宅南边的西华馆。

在阜成门外大街路北、月坛北边有悦盛店。西直门外大街有隆兴居、善性、晋昌和一所住宅。过高梁桥，在北下关有同丰、酱厂和一所住宅。

雷宅购置的这50处房产，绝大部分位于今西城区的中部，只有北下关那3处属于今海淀区。

据我推测，这份房产草图绘制的时间，当在清朝末年，最早不会早于光绪二十年（1894年）。因为这张草图中没有西郊海淀镇的房产。海淀槐树街雷氏祖宅是一座很大的三路三进的宅园。庚申之役后样式雷迁居城内东观音寺，将被焚的祖宅整修添盖后租给别人居住。光绪二十年还有一张租房合同。合同载明：雷家将位于海淀老虎洞路南（即槐树街祖宅）的55间房舍，以每月房银二十两、茶银二十两的价码租与陈姓。"如其不住，准其交房。空口无凭，立字各执一张"。铺保为广兴号，中保人为孙云章和白旭田。这说明，祖宅在光绪二十年时尚未卖出。

雷宅由家人李三负责向各商家讨取房产租金。在东陵应差的雷思起，给居家的五弟写信，要他督促李三紧催拖欠未缴的租房户，抓紧时间交费。要特别注意催促北沟沿永盛、永裕杠房、西单广隆切面铺和西直门外各厂，说"吃早饭无事日子，呼他勤取为上。千万"。拖欠房租的商家自然会有，但也有因认为增加房租不合理而托人要求减低租金的。雷宅劈柴胡同那宗房产，曾出租开办一家北同顺商店，店主认为雷家多收租金，便转托雷廷昌的姻弟克勤找雷宅说情。克勤致廷昌的信中写道："辅臣仁兄大人：……兹启者，现有弟之契友德盛隆粮店郭掌柜，转托为贵府在劈柴胡同有铺面房一所，原租与北同顺生理。今伊本号因门面宽阔，特匀出门面一间，改开酒店生理。讵贵府取房租人意欲另取等情，致与该铺有瑕疵之事。今敝友转求知弟素叨爱末，看弟薄面，敢乞推情嘘植。如有增租付茶之意，即祈明示，弟必当使敝友转达，令其适合办理，以副尊命。"信封内还"外附呈本铺写来缘事此节一纸"。这位"姻愚弟"信中措辞非常客气委婉，无非是借以揭露取房租人无故增租，请求房主免去多收租金而已。

一叠租地执照

样式雷资料中，有一叠雷宅租地执照。其中有20多张是浅蓝色印就的空白执照。长方形边框上方是一个梯形方框，中印"执照"二字。下方印有租地亩数和每年交地租钱数，以及光绪年月日。在下角有临时加铃的"寓西直门内沟沿东观音寺东口内路北大门"的印章。另有20张已填写好的执照，上边写着"每年交旧照换新照，换票为凭"。可知每年交完租金便换一张新照，作为来年租地的凭证，而旧照要交还雷宅。这20张收回的执照，是分别租与郭姓、杨姓和王姓，地亩和年份各不相同。

租给郭姓的土地执照全文如下："今收双槐树郭姓，租种雷宅地五十三亩，每年交地租全钱二百吊（言明京票）。光绪十八年九月十五日。"年月日下注"清完"二字。此照从光绪十二年（1886年）到二十年（1894年），一式共9张。雷宅土地在双槐树村。此村在巨山村南边，是仅距二三里地的临村，村名一直沿用至今。郭姓租种雷宅这53亩耕地长达9年，共交地租二千八百吊。郭姓还租种雷宅在彰仪村（位于双槐树村西边）的耕地63亩，"每年交地租京票全钱一百八十九吊"。共有光绪十三、十四、十五年（1887—1889）3张执照。

另两张租地执照是王、张二姓的。王姓租种雷宅位于彰仪村耕地23亩，每年交地租六十九吊，共有光绪十二年到十五年（1886—1889）的4张执照。杨姓租种雷宅后泥洼村耕地10亩，每年交地租三十吊，也是光绪十二年到十五年的4张租地执照。

这20张租地执照，雷宅149亩土地总共收地租二千五百一十吊。

除这一顷多地外，雷宅在巨山村还有土地347亩，195亩建成雷氏祖茔，另有152亩耕地雇工集中经营。根据这些材料可知，雷宅在北京西郊至少有土地496亩。另据朱启钤《样式雷考》手稿，早在雷家瑞时，曾"置办京西庄田七顷"。

一张押地借契

雷氏供职样式房，承包御园帝陵工程，收入颇丰，加之善于经营，生财有道，因而家境殷富。不但经商租地，也时而放债获利。

有位名叫王大的人，就曾以地契作抵押，借得雷家一百吊钱。雷氏史料中存有这一张借据：

立指地借钱人王大，今因乏用，以自买民地一段，坐落大屯地方，共计三亩半民红契纸一张。托付中人押借雷宅京满钱一百吊整。言明每年五分行息，每月利钱五吊，不得拖欠日期。如三个月利息不到，许其雷宅收地自种，不得阻挠。其钱定于本年九月归还，地契归还王姓。两无异说，立借字存照。

立借字人　王大
中保人　程立年、孟德春
指地借钱人　王大
依口代笔人　孔文圃
同治六年四月十二日立

这笔利息不薄的借款，以一张地契作抵押。这张地契所言三亩半地，位于大屯村东，是王大的先人王世富，于60年前即嘉庆六年（1801年）花二十两纹银从纪元龙手中购得的。我从雷氏资料中找到了这张地契。说明王大可能归还不起雷宅的本利,雷宅收地自种了。

这种指地借钱的文契,不止一张。还有晋利店主白友辉,向雷宅借钱的一纸文约。白友辉"因本铺手乏不便,托中说合,今借到龙剑堂雷宅京钱七千吊整。言明每月一分二厘行息"。白掌柜将自置红契地二段,计地60亩,坐落于家围村花儿闸南。言明三个月钱到回赎。倘若本利不到,白家情愿另立卖字,年底卖地。如果卖地款不够本利,白家如数补足;若钱数有余,则退还白姓。文约上还写明,如果晋利铺中东伙有人出面争竞,由白友辉和中人刘大有、穆建昌承管。这是一笔巨额借款,利率也不算低。这也从一个方面反映了雷宅的富足程度。

一宗诉讼状帖

同治六年(1867年)十一月,雷思起、雷思泰兄弟草拟了一纸诉讼状帖,状告西直门外西关隆泰店铺东白友朋、白友明兄弟,借债不还并气死雷氏身父,恳请官府详情斧断,为民申冤做主。

白有朋素与雷思泰相识,在同治四年至五年(1865—1866)间因铺事手乏,托思泰说情,向雷景修借得纹银三百余两。后又通过雷家店铺龙聚永伙友王兆琨之手,凭隆泰店后身自置民红契纸房一所,借到龙剑堂雷氏银二百两。言明3个月一行息。但时过一年,白氏兄弟分文不付。几经中人说合,均无效果。雷家多次讨要也无济于事。

同治五年（1866年）九月十六日，白友朋突然宣布将隆泰店关闭。诡称因店铺欠铺伙银二百五十两，将家底全部归还铺伙还亏空两万余吊，而此铺伙已携款辞职不见踪影。这显然是捏造口实以达到赖账的目的。

雷景修闻讯急着思泰去西直门外讨债。白氏兄弟全然不理，竟说"吃了秤砣，铁心不还钱"！还故意装醉，开口胡骂。景修无奈于九月二十四日亲赴隆泰店讨要。白氏仍咬定"铁心不能还钱"！景修又急又气，被铺伙劝回家中，是夜竟"食气成疾，六脉皆红"，卧床不起。急请名医诊治，千方百药也不见功效。他对思泰说："如我死之后，尔等与我报气死之冤仇！"不意竟于十月初二日不治身亡。

料理完父亲丧事后，雷思起于十一月初六日到隆泰店与白氏兄弟理论。白友朋冷笑说："死了心吧！你父亲没能要出银两，你也是白费力气。我有钱是开铺子的，不是还账的，怎能还你？等二十年后再来取钱吧！"还说："任你爱告哪个衙门，随便去告。看看能断出银两不能！"思起被同去的思泰和铺伙劝回家中，竟也被气染病，愁痛难忍。

万般无奈之下，雷思泰兄弟于同治六年十一月四日起草了这份诉讼状帖。诉状最后写道："是以身情急敬具哀呈，泪叩青天老公祖大人台前，破格施恩，伏候批饬折票立拘到案，详情斧断。身父含冤之仇可申，身兄因受白友朋之气病痊，身经手三宗之银可还，身合家来生结草衔环以报万代老公侯仁天老大人之德无极矣!"

　　为拟定这份诉状,思起和思泰费尽心思,先后三易其稿。现在这三篇草稿全保留下来。诉状中还提供了白氏兄弟的原籍和当时的居住地址。为证明白氏兄弟借口亏空而关闭店铺纯属欺诈,还列出他们拥有的巨额财产。比如白姓叔侄三人净长使钱三万余吊;隆泰店外人欠账五千余吊;在西直门外开设义增永烟麻铺,在清河马房开设隆聚泰油酒店,三座店铺资产约值一万余吊。

　　这场官司的结果不得而知。但雷廷昌20年后在另一场完全占理的官司中,却遭人暗算,甚至被拘押了7天。

　　雷廷昌在西城护国寺开办了一座天成木厂,因无人管理,后改为天富字号,委托家人周祥暂且料理掌柜事宜。周祥私盗铺银九百九十余两,后又偷支亏款三千余两,在城北偷设祥升斋鞋铺。天富木厂与另4家木厂组成五合公柜,共同承担皇宫太和门工程。但5家中只有天富木厂未按期进料搭架,被判贻误钦工之罪。周祥畏罪逃逸,便传天富铺东雷廷昌过堂审讯。周祥反转而贿通官府嫁罪于人,并捏造事实,控告雷廷昌私领太和门官工钱粮,还带领官役等数十人,赶大车9辆,前往雷宅,声称"奉中堂大人堂谕,坊官老爷派我锁拿钦犯雷辅臣"!因廷昌不在家,便将家中亲友张文普锁拿看押。廷昌无辜被迫过堂受审,先后4次在北城察院被逼认罪无果。光绪十七年(1891年)三月十二日,主审的恩大人要廷昌请中人说合。原告周祥在堂上说:叩求大人将雷氏看押,若不看押也说合不了。堂上言听计从,当即将廷昌押下堂交坊南所七铺上管押7天。还训斥说:"你妄戴皇上家顶翎,你还有何话说！"在看押期间，廷昌由差役带领到东兴饭馆，与几位中人谈判。和解的条件是：将天富木厂折价倒给周祥，周写一张欠钱字据，以往账目不再清算追究；修建太和门工程全由周祥承担，赔钱与否不与雷宅相干。廷昌对中人提出的苛刻条件未与承应。但他解除看押后，几次去察院要求过堂，也未获应允。

雷廷昌除有一纸诉状外，还有6篇文字记载这场官司，直至3月这场官司尚未了结。最后结果也不得而知。

这场诉讼所经受的冤屈和磨难，也许是在雷廷昌繁忙劳碌一帆风顺的生命旅途中，所经历的为数不多的挫折和失败。

样式雷家风：不贪不啬，诚信做人

样式雷一家收入颇丰，置有多处房产地产，开设多家店铺。在金钱问题上，律己甚严，不贪不啬，公私分明，该施舍时出手大方，该助人时也不悭吝。但是该官家出资之事，也不能由自家长期赊垫。

光绪二十四年（1898年）闰三月初四日，内务府谕："奉传样式房于初九日至档房，有面交查工事件。"即准备派工给雷廷昌。廷昌认为：从光绪二十二年（1896年）正月二十六日领到为"圆明园各路绘图差事"，一直按堂司谕的要求办理，未曾耽误工程进展。但当时内务府堂谕：著厂商拟办一切津贴，厂商并未与样式房协商，即由算房按五厘开单。样式房得知后，认为此数不合适，即向堂夸兰达提出需增拨银两。而内务府堂却传谕"刻下钱粮无着，现因时事维艰"，嗣后再议。实际上样式房备办差事的画匠、写字人等共8名，每月人工饭食一切等项，合计每月实用钱二百余吊。廷昌以官事为重，没敢再次申辩追加经费，暂且由自己借资垫办。两年多来已借支银二千余两，只好向内务府写出再次申请追加拨款的呈文："禀：沐恩样式房雷廷昌，谨请夸兰达台前金安：……伏念自光绪二十二年正月二十六日至今二年之久，廷昌所借资垫办画匠、写字人等饭食一切等项，实用过钱合银两千六百余两。……样式房廷昌再四思维，无处借贷垫办当差人工饭食。唯有伏乞夸兰达台前逾格恩施，将样式房当差借贷所垫人工饭食一切等项垫办银两，如何扣赏之处，样式房未敢缮拟。为此，叩恳夸兰达台前，鸿施恩准训示。为此谨禀。"

堂堂内务府竟然拖欠修建皇家园囿的施工费用，连样式房的所需经费也长期不能拨付，足见晚清时期朝廷财政之匮乏拮据。雷廷昌无奈，只好称病请假，逃避闰三月初九日到堂档房接受新委派的差事。他在呈文中禀告："现因廷昌感受时症，医者云：非静养不可。暂为告假，赶紧调理。"可以看出，雷廷昌养病是假，讨债是真。只有获取借垫的二千六百两银钱之后，才能接受新派下的工程。

样式雷从不额外赚取一文钱财，即使误收或少付些许金钱，也一定要退还或补付。有一次，雷思起随钦差大人出京，沿途经过驿站都要发给廪粮。但应发多少银两，思起并不知情，只是在通过丰润、沙河驿、抚宁、卢龙4处时，都收下了口粮钱。后来知道多收了，立即呈文向钦差大人禀报情况。思起写道：在抚宁公馆门前，"问起办差之人，始知前县传讹。查各州县所给口粮，自丰润、沙河驿、卢龙、抚宁四处，每处多发给银一钱，例应回缴。奈已过站关，只得回京时路过再缴还外，凉水河沙河站驿口粮一钱业由宁远州寄还。为此禀明钦差老爷台下"。雷思起将在4个驿站多收的四钱银两，通过不同方式退还本主。真可谓公私分明，分外之财一文不取。

样式雷与社会各界人士有纷繁的经济交往，也发生过各种矛盾纠纷。最好处理办法就是请中人调解，各作让步，求得妥协，尽量不诉诸公堂。光绪年间，雷廷昌出银三千两作为资本，以其子雷献彩的名义，开办了一座天源永粮店，由杨梦吉领作，与吕登远、苏成合作经营。粮店虽有盈利，但铺东和伙计都多次随意借支，以致账目混乱，家底不清。"因清单未能详细分注明白，东伙意见不合"。双方争执不下，便请来中人进行劝解说合。在中人主持下，查清了粮店盈利账目和各位东伙借支数目，确定应分应补钱数，然后再订立以后经营和按股提支办法，得到双方认可。

天源永粮店，从光绪十六年（1890年）到十九年（1893年）正月，共获盈利银二千一百八十六两九分六厘，4年分别为三百九十九两三分九厘、一千零一十九两七分四厘、七百二十四两六分一厘、六两零一厘。4年内东伙共支使银一千六百七十七两三分五厘，其中铺东雷献彩支使银五百六十九两四分三厘，铺伙吕登选一百八十一两二分四厘，杨梦吉五百七十三两一分六厘，苏成三百五十三两五分二厘。在查清收支银两后，东伙双方共同签署了协议："今凭各位说合，由此东伙各按股提支，一年一清，三年一总。再将得利东伙应补应分清白开除后，再将前四年得利、东伙欠支使应补应分，再为开清，补亏分余。凭中人说合，定准东伙不准长欠支使分厘。由此定准年间算账开清之时，恭请各位中保人公同看清单，亏余公论。由此同中保众位不准私借银两。空口无凭，立此清白铺规为证。此字众位落保公存。若以后东伙返（反）悔，不实不尽之处，任凭中保人评论。"

自此，东伙纠纷得到解决，天源永粮店继续开办下去。

雷家开设店铺中的东伙经济纠纷，也有经中人多次调解无效而诉诸法律的。如样式雷出资开设天富木厂，派家人周祥经营，反被周祥诬告而被错判坐了班房。但不管遇到什么挫折和打击，样式雷家始终不改公道正直、按规经营、诚信致富的基本原则，坚持不啬不贪，公私分明，把做人看得比金钱更重要。样式雷世家不仅以高超的建筑技艺闻名于世，其高尚的道德品质和情操也为世人所推崇。

后 记

  清代几代样式雷的生平和事业，对于我来说，可以用"陌生"二字来概括。

  我过去也对样式雷有粗浅的认识，读过中国营造学社编《哲匠录》关于样式雷的介绍、单士元先生写的《宫廷建筑巧匠——"样式雷"》、中国第一历史档案馆编《圆明园》一书中的《雷氏档案》和刘敦桢编著的《同治重修圆明园史料》（载圆明园学会编《圆明园》）。我还在《海淀赋》中写过歌颂样式雷的文句："跳珠溅玉的万泉河畔，清代著名建筑家样式雷的巧妙构思，变成一座座金碧辉煌的楼台殿阁。"然而我从未想过要撰写样式雷的生平事迹，甚或编辑一本关于样式雷的书。

  这完全是由一个偶然的机遇引发的。2002年初春的一天，我的文友张有信告诉我，他在国家图书馆听了一堂天津大学建筑学院王其亨教授关于样式雷的精彩报告，并见到了样式雷十代孙雷章宝；得知雷氏在颐和园北边的大有庄居住200多年，雷氏祖坟就在四季青乡巨山村。这引起我极大的兴趣。雷氏祖籍江西永修，后迁江苏江宁。但从雷发达起住在京西海淀200多年，几代样式雷又葬于海淀，他们可称为地地道道的海淀人，北京人！我们完全应当把几代样式雷的英名列入我正在主编的《海淀区志》人物编的《人物传》中。于是我便搜集资料，撰写了雷金玉、雷思起、雷廷昌三人的小传，编进《海淀区志》。

  经过调查了解，我觉得完全可以编辑一本关于样式雷的书，向社会和广大读者介绍这家几乎被湮没已久的哲匠。这是北京的文史工作者不可推卸的责任。我与张有信、徐征同志到门头沟的深山中拜访了样式雷十代孙、中学高级教师雷章宝同志。我们一拍即合，决定合编这本为其先祖树碑立传的书。我们共同研究了编书构想，决定分工合作，完成这一件有意义的工作。他当即交

张宝章访问雷章宝

给我一批包括雷氏宗谱（复印件）在内的关于样式雷的照片和文字资料。当天，我们还从国家图书馆请来了正在此进行样式雷研究的张威博士，他是天津大学建筑学院王其亨教授的得力助手，对样式雷的研究颇著成效。张博士也很赞同我们的编书计划，倍加称赞并愿鼎力相助，当场即研究制订出组稿计划和篇目内容。王其亨教授正领衔承担着国家自然科学基金资助项目《清代样式雷建筑图档综合研究》。有他们的支持和帮助，极大地增强了我的信心。

经海淀区政协副主席、清华大学建筑学院沈三陵教授的介绍，我和记者出身的文友陈佳立，拜访了清华大学建筑学院资料室的林洙女士。林女士向我们详细介绍了朱启钤先生领导的中国营造学社，为搜购、保存和研究样式雷遗存图文档案，所进行的艰苦工作和做出的卓越贡献；向我们展示和解说资料室收藏的样式雷史料，带我们到建筑学院图书馆察看了珍贵的样式雷画样和烫样；并热情地为我们引见清华大学研究样式雷的专家郭黛姮教授和刘畅博士。因郭教授外出，我与刘博士进行了长谈。刘博士对我们的工作非常支持，尽管他正在进行紧张的博士生毕业论文答辩的准备工作，还是为本书写来文章，并请郭教授撰写了论文。

为了阅读国家图书馆珍藏的样式雷资料，我持海淀区政府的介绍信，由国图退休干部、文史专家王铭珍先生陪同，去善本部阅读雷氏史料。正在我研读雷氏墓碑拓片时，巧遇电视片《探访样式雷》的编导葛芸生先生。葛导为拍此片，历时半年有余，访遍了与样式雷有关的城市和各处遗迹，拜访了样式雷专家和众多雷氏后裔。他向我介绍了许多未知的情况,还说他的采访经历就是一篇动人的文章。他对我们的编书计划鼓励有嘉,并爽快答应写一篇《探访样式雷》编导手记。我几次阅看这部电视片及其解说词,更加形象化地认识了样式雷。

善本部舆图组的陆锡泰等全体同志,给予我们最大的无私的支持。他们的友谊和敬业精神激励我有了更大的干劲,增强了我的事业心和责任感。书库里成千上万件样式雷遗存的文图史料,仿佛是开采不尽的丰富矿藏。每一幅画样都是一段历史的再现,每页文字材料都记载着雷氏的生平经历,每册手抄本都反映了样式雷娴熟精湛的建筑技艺和真实的思想。这使我增长了知识,解答了我很多疑问,使我更接近了真实的样式雷。

比如,样式雷的海淀故居到底在哪里?我曾到大有庄去访问

张宝章与九代雷氏兄弟在一起

84岁高龄、世居大有庄的饱学之士孙琴南先生。他说大有庄从没住过姓雷的人家，样式雷的老宅在海淀镇前官园。但经调查，前官园雷宅住的是样式雷的支系，并非第六、第七代样式雷——思起和廷昌的直系亲属。后来张威告诉我，朱启钤《样式雷考》记载：样式雷海淀祖居在槐树街。我在纷繁的雷氏史料中，找到几张至为宝贵的有关的无名图、画样和残图，还有两册账簿，结合我对槐树街的了解和其他材料，终于大体确定了槐树街雷氏祖宅的具体坐落方位、院落格局、房屋分布位置和用途及其历史沿革。遗憾的是，我工作了40多年的区政府机关（清末德贝子园原址），就位于槐树街雷宅的对门（后门），竟然几十年里茫无所知。当我考定雷氏祖宅方位时，它刚好在半年以前被彻底拆除了。现在那里已变成京城北四环路的一段宽阔的柏油路面。

我再去巨山村雷氏祖茔，那里也早已面目全非。流经雷氏祖茔南西北三面的溪水早已改道，尚未填平的河沟杂草丛生、垃圾遍地，宝顶和坟头平掉，墓碑无踪，阳宅拆毁，阴宅地面盖起了村办工厂，三千多株陵树只剩下一株孤独的白果松，因为它是编号08094的二级古树名木，才得以免遭砍伐的厄运。这就是样式雷祖茔的惨状。几代样式雷设计和营建的清东陵和清西陵，至今仍巍然矗立在遵化和易县，雷氏自己的祖茔却惨遭破坏。

能否在此坟址树立一个标志，让人们来此凭吊呢？我将此情向海淀区政协王珍明主席做了详细介绍。王主席亲自主持召开了学习文史委员会，邀请政协委员中的文史专家献计献策。大家一致认为：为了纪念对建设古都北京和我国建筑事业做出杰出贡献的几代样式雷，为了更好地保护和利用本地区的历史文化遗产，为向广大群众进行爱国主义教育，特提出以下建议：要大力发掘和整理样式雷的生平事迹，通过各种媒体和渠道向广大群众做宣传，进行爱首都、爱祖国的教育，在圆明园园史展和筹建的区博物馆，开设样式雷专题陈列室，介绍样式雷的生平事迹。

经过了将近一年的努力，我终于写成了《样式雷家世诸考》这部由几篇材料组成的文稿。天津大学研究样式雷的专家王其亨教授和张威博士，拨冗审阅了这部文稿，提出了不少精辟深刻的意见。这使我受益良多，改正了一些错误和不准确之处，重新对文稿进行了修改。他们都是我的老师，他们的学术造诣和敬业精神使我深受感动。在此基础上，我又在阅读样式雷图文史料和调查研究之后，撰写了《样式雷与北京西郊水利》等几篇文章，编辑成《建筑世家样式雷》这本书。

如今，本书作为《京华通览》丛书之一公开出版，在重新编辑和修改过程中，得到主编段柄仁、谭烈飞和出版社领导于虹、安东，以及编辑白珍、王岩等同志的指导、支持和帮助。我对大家表示衷心的感谢。虽然有专家学者的指导和点拨，但由于个人水平有限，在这部书稿中，还会存在不少缺点和错误，希望专家和读者批评指正。

张宝章
2017 年 11 月